Regula Tann

111 Orte für Kinder in Bern, die man gesehen haben muss

111

emons:

Bibliografische Information der Deutschen Nationalbibliothek
Die Deutsche Nationalbibliothek verzeichnet diese Publikation in der Deutschen Nationalbibliografie; detaillierte bibliografische Daten sind im Internet über http://dnb.d-nb.de abrufbar.

MIX
Papier | Fördert gute Waldnutzung
FSC® C083411
FSC www.fsc.org

Gestaltung: Editorial Design & Artdirection, Conny Laue, Bochum, nach einem Konzept von Lübbeke | Naumann | Thoben und Nina Schäfer
Kartografie: altancicek.design, www.altancicek.de
Kartenbasisinformationen aus Openstreetmap,
© OpenStreetMap-Mitwirkende, ODbL
Druck und Bindung: CPI – Clausen & Bosse, Leck
Printed in Germany 2022
ISBN 978-3-7408-1493-9

VORWORT

Kinder schauen genau hin. Oftmals entdecken sie kleine Dinge, an denen Erwachsene achtlos vorbeigehen. Welch schöne Aufgabe, eine Stadt mit den Augen eines Kindes zu erforschen. In meinem Fall die Stadt, in der ich aufgewachsen bin und die ich deshalb sehr gut kenne – auch wenn sich seither einiges verändert hat.

Bern ist immer noch eine wunderbare Stadt, sowohl gemütlich wie auch lebendig. Sie bietet eine Vielfalt von Möglichkeiten für Familien. Da gibt es unzählige grüne Pärke, abenteuerliche Spielplätze, spannende historische Bauten, vielfältige Museen, verborgene Ecken, überraschende Kuriositäten, einladende Cafés und ansprechende Läden.

Selbstverständlich dürfen in diesem Buch altbekannte Stadtgrössen wie der Tierpark, das Münster und der Zytglogge nicht fehlen. Doch es gibt auch Unerwartetes. Ein Dinosaurierskelett zum Ausgraben etwa, eine Apotheken-Maschine, eine Chaschperli-Gutsche, ein Krokodil aus Holz und eine Ladentür mit einem extra Guckfenster für Kinder.

Ich lernte bei meiner Recherche viele interessante Orte und Menschen kennen. Dieses Buch lebt von all den Geschichten, die mir dabei erzählt wurden. Nun wünsche ich Ihnen viel Vergnügen, wenn Sie mit Kindern durch das schöne Bern ziehen und dabei Neues und Überraschendes, aber auch Altbekanntes und Vergessenes entdecken.

Regula Tanner

111 ORTE

1_DER AARE-TUNNEL

Eine 200 Meter lange Mutprobe

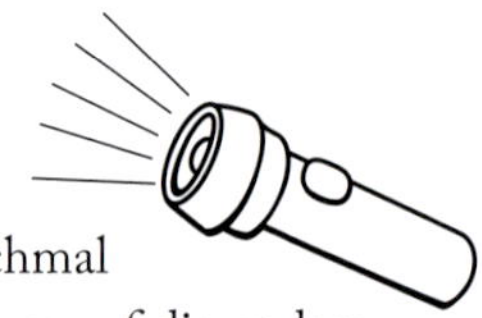

Es gibt viele Tunnel, lange und kurze, breite und schmale, helle und dunkle. Meistens fährt man mit dem Zug oder dem Auto hindurch. Manchmal durchquert man sie auch zu Fuss, zum Beispiel um auf die andere Seite einer Strasse zu gelangen. Dieser Tunnel liegt direkt an der Aare, und sein Eingang ist abgesehen von den unzähligen Graffitis eher unscheinbar. Biegt man um die Ecke, hat man schnurgerade 200 Meter vor sich. Schwach beleuchtet, wild besprayt, niedrig und so eng, dass man nur knapp nebeneinanderher gehen kann. Da wird's einem fast ein bisschen mulmig. Doch diese Mutprobe muss jetzt sein.

Im Tunnel kann man nach Herzenslust rufen, sodass es ein bisschen schauerlich tönt. Zum Glück sieht man am Tunnelende ein Licht. Dieses Abenteuer lässt sich gut in einen Rundgang einbauen: an der Bushaltestelle Bremgarten Schloss aussteigen, zum Parkplatz der Musikschule gehen, den Treppenweg hinunter zur Aare einschlagen, durch den Tunnel wandern und auf der anderen Seite den Weg wieder hoch zur Bushaltestelle.

Im Sommer wird der Tunnel vor allem von Schwimmern benutzt. Dort steigen sie in die Aare und lassen sich durch die lange Schlaufe treiben, die der grüne Stadtfluss durch die bewaldete Landschaft zieht. Dann müssen sie an der richtigen Stelle aussteigen und durch den Tunnel wieder zum Ausgangsort zurückmarschieren. Aber Achtung: Für jüngere Kinder ist das Schwimmen in der Aare nicht zu empfehlen! Das Abenteuer Tunnel-Rundweg reicht vollkommen.

TIPP: Bevor man wieder zum Bus geht, kann man nahe der Haltestelle – leider nur von aussen – das Schloss Bremgarten aus dem 16. Jahrhundert betrachten.

Adresse 3047 Bremgarten bei Bern // **ÖV** Bus 21, Haltestelle Bremgarten Schloss, beim Parkplatz der Musikschule die Treppe hinunter // ab 5 Jahre

2_DAS AdventureRooms-SPIEL

Wo ist der Dieb im Orient-Express?

Rätseln macht unglaublich viel Spass. Umso mehr, wenn man es gemeinsam tut. Genau dies ist das Konzept von AdventureRooms. Eine Gruppe lässt sich in einem Raum einsperren und hat 60 Minuten Zeit, um einen Weg hinaus zu finden. Und das ist knifflig! Deshalb müssen alle mithelfen, den Raum genau zu erkunden, Geheimtüren und Verstecke aufzuspüren, rätselhafte Zeichen zu entschlüsseln und den Sinn hinter den Gegenständen zu erkennen. Dieses Abenteuer kann man mit Kindern ab neun Jahren buchen.

Besonders geeignet zum Starten ist der Orient-Express. Gemütlich ist man mit dem nostalgischen Zug unterwegs. Ob man während der schaukelnden Fahrt einschläft? Plötzlich ertönt ein Geräusch. Man sieht, dass jemand aus dem Abteil eilt, und stellt fest, dass Geld und Schmuck fehlen. Oh nein! In einer Stunde hält der Zug am nächsten Bahnhof. Bis dann muss der Dieb gefunden werden. Nun gilt es, schlau zu kombinieren und ein Rätsel nach dem anderen zu lösen.

Am Waisenhausplatz gibt es nebst dem Orient-Express auch das Spiel «Lost in time», bei dem man eine Reise mit einer Zeitmaschine antritt. Dieses Spiel ist etwas anspruchsvoller als der Orient-Express, kann aber auch mit Kindern gebucht werden. Was man noch wissen muss: Schafft man es in 60 Minuten nicht, alle Rätsel zu lösen, wird man von den Mitarbeitenden in die Freiheit entlassen. Das ist durchaus beruhigend.

Adresse Waisenhausplatz 14 (im Keller, schräg vis-à-vis dem Hauseingang), 3011 Bern, Tel. 078/2468899, www.adventurerooms.ch // **ÖV** vom Bahnhof in fünf Minuten zu Fuss // **Öffnungszeiten** täglich 8.30–22.30 Uhr, Online-Reservation erforderlich // ab 9 Jahre und in Begleitung Erwachsener

TIPP: In Bern gibt es sechs weitere AdventureRooms-Spiele an anderen Standorten, zum Beispiel an der Maulbeerstrasse 10. Sie eignen sich für ältere Kinder, Jugendliche und natürlich für Erwachsene.

3_DAS AHOI BOLLWERK 21

Ein privates Schwimmbecken für die ganze Familie

Manchmal ist einem der Betrieb in Hallen- und Freibädern einfach zu turbulent. Wie schön es doch wäre, ein eigenes Schwimmbecken zu haben! Dieser Traum lässt sich im Ahoi Bollwerk 21 verwirklichen. Dort können bis zu sieben Personen ein kleines Schwimmbecken privat mieten und eine herrliche Stunde im angenehm warmen Wasser verbringen.

Neben dem kleinen gibt es auch ein grosses Schwimmbecken. Während der Woche finden hier unter fachkundiger Anleitung Baby- und Kinderschwimmkurse statt. Sonntags steht das grosse Becken von 13 bis 17 Uhr Familien mit Kindern bis zu fünf Jahren auf Anmeldung zur Verfügung. Das Wasser ist 34 Grad warm und dank einer modernen Aufbereitungsanlage von sehr guter Qualität.

Im Ahoi Bollwerk 21 gibt es aber noch viel mehr. Dieses Haus gleich neben dem Bahnhof Bern bietet ein vielfältiges Angebot für Familien: Immer wieder stehen Figurentheater oder andere Events auf dem Programm. Von Montag bis Freitag kann man zwischen 12 und 13.30 Uhr frisch zubereitete, vegetarische und familienfreundliche Menus geniessen. In dieser Zeit dürfen die Kinder das Spielzimmer mit dem hölzernen Schiff benutzen.

Und einmal im Monat wird ein Hebammen-Café für Eltern, Grosseltern, Neugeborene und Kleinkinder organisiert. Dort kann man sich austauschen, Kontakte knüpfen und Erfahrungen teilen.

TIPP: Für die bessere Vereinbarung von Familie und Beruf gibt es im Ahoi Bollwerk 21 auch einen Co-Working-Space mit Kinderbetreuung.

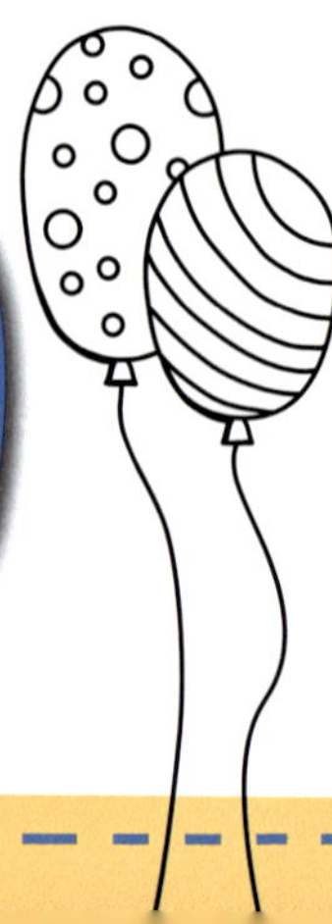

Adresse Bollwerk 21, 3011 Bern, Tel. 031/3828282, www.ahoi-bollwerk21.ch // ÖV unmittelbar neben dem Bahnhof gelegen // Öffnungszeiten Mo–Sa 8.30–17 Uhr, können abweichen // für jedes Alter

4_DIE ALPAKAS VOM SPIEGEL

Auf einem Spaziergang den Umgang mit Tieren lernen

Alpakas sind Tiere, die einen sofort in den Bann ziehen: ihr kecker Blick, ihre anmutigen Bewegungen, ihr wolliges Fell. Im Spiegel bei Bern lebt eine 20-köpfige Herde, die sich auf einer weitläufigen Weide bewegt. Es ist schon eine Freude, den Tieren nur zuzuschauen. Doch Moment. Da sind zwei, die etwas grösser sind und längere Schnauzen haben. «Das sind unsere Lamas», erklären Thom Bernard und Urs Sieber, die Besitzer und Betreuer der Tiere. Die beiden seien früher in einem Zirkus zu Hause gewesen.

Bei allen anderen handelt es sich um Alpakas, eine domestizierte Kamelart, die ursprünglich aus Südamerika stammt. Die neugierigen Tiere freuen sich über Besuch. Diesen bekommen sie zum Beispiel, wenn man sich für einen begleiteten Spaziergang anmeldet. Zuerst gibt es von Thom Bernard und Urs Sieber ein paar Informationen, dann hilft man, die Tiere bereit zu machen. Schliesslich darf man eines der Alpakas durch Feld und Wald führen. «Wir beobachten immer wieder, wie schnell die Kinder dabei zur Ruhe kommen. Sie lernen, aufmerksam zu sein und auf die Bedürfnisse eines anderen Lebewesens einzugehen.»

Die Wolle der Alpakas ist übrigens wunderbar weich. Im Frühjahr werden die Tiere geschoren, später wird die Wolle in der Schweiz gesponnen und zum Teil zu Bettinhalten verarbeitet. Sowohl Wollknäuel wie auch Duvets und Kissen gibt es bei den Alpakas im Spiegel zu kaufen. Das ist natürlich besonders schön, wenn man die Tiere bereits von einem Spaziergang her kennt.

Adresse vis-à-vis vom Talbrünnliweg 25, 3095 Spiegel bei Bern, Tel. 079/4821444, www.alpakas-vom-spiegel.ch // **ÖV** Bus 19, Haltestelle Steingrubenweg; Bus 10, Haltestelle Köniz Brühlplatz, von beiden Haltestellen circa zehn Minuten Fussweg // ab 5 Jahre

TIPP: In circa 15 Minuten zu Fuss erreicht man den Liebefeld Park mit Wiesen, Bäumen, einem grossen Teich und einem Spielplatz (Schwarzenburgstrasse).

5_DAS ALPINE MUSEUM

Spannendes aus der Bergwelt

Im Alpinen Museum der Schweiz dreht sich alles um Berge. Die Ausstellungsthemen, die Menschen und Berge auf der ganzen Welt beleuchten, erscheinen auf den ersten Blick anspruchsvoll: Identität etwa, Mobilität, Raumentwicklung, Klimawandel, Tradition und Innovation. Doch all dies wird den Kindern auf geschickte Art nähergebracht. Sie erhalten zum Beispiel einen Kopfhörer und dürfen an Audiostationen Geschichten anhören, die sie auf unterhaltsame Weise durch die Ausstellung führen.

Eine permanente Dauerausstellung gibt es nicht, doch man sieht in unterschiedlichen Abständen immer wieder Neues. Die Hauptausstellung befindet sich im ersten und zweiten Obergeschoss. Im Untergeschoss ist das «Fundbüro für Erinnerungen» untergebracht. Auch hier gibt es ständig wechselnde Themen. Ausgestellt werden Objekte aus dem grossen Fundus des Museums. Die Besuchenden dürfen stets auch selbst etwas dazu beitragen. Das Museum fragt etwa nach alten Skiausrüstungen, Bergschuhen oder Kletterseilen, die man mitbringen kann, und so wird die Ausstellung sehr lebendig.

Für das Fundbüro erhalten die Kinder bei der Kasse einen Flyer. Auf einem Wimmelbild mit Gegenständen gilt es, jene acht Objekte einzukreisen, die wirklich im Fundbüro zu entdecken sind. Ist die Aufgabe gelöst, darf man das Wimmelbild an die Kasse bringen und erhält eine Überraschung. Zudem gibt es das Angebot «Philosophieren mit Kindern», das einmal im Monat entweder hier, in der Dampfzentrale oder im Schlachthaus Theater stattfindet.

Adresse Helvetiaplatz 4, 3005 Bern, Tel. 031/3500440, www.alpinesmuseum.ch // **ÖV** Trams 6, 7 und 8 oder Bus 19, Haltestelle Helvetiaplatz // **Öffnungszeiten** Di–So 10–17 Uhr // ab 5 Jahre

TIPP: Eine kleine Stärkung gibt es im Restaurant «las alps» oder während der Sommermonate in der nahen «Kunsthalle Bar» am Beginn der Kirchenfeldbrücke (www.kunsthalle-bern.ch/kunsthalle-bar).

6_DIE APOTHEKEN-MASCHINE

Das Schaufenster der historischen Apotheke

Schaufenster anzugucken gehört zum Schönsten, was man in einer Stadt tun kann. Erst recht, wenn sich darin Dinge bewegen. Zu sehen bekommt man so etwas in der Rathaus-Apotheke. Sie ist mit mehr als 450 Jahren die älteste bestehende Apotheke der Schweiz. Und in ihrem Schaufenster an der Kreuzgasse ist meistens eine nostalgische Apotheken-Maschine ausgestellt.

Bei dieser Art von Maschinen handelt es sich um bewegte Kunstobjekte, an denen sich Rädchen drehen, Uhren ticken, Klappen kippen, Glocken klingeln oder auch mal die Figur eines Apothekers hin und her saust. Die Maschinen wurden von Charles Martin gebaut. Der Drogist tüftelte in seiner Freizeit an den bewegten Objekten und versah sie mit liebevollen Details. Charles Martin, der inzwischen verstorben ist, stellte seine Werke über Jahrzehnte hinweg der Rathaus-Apotheke für ihre Schaufenster zur Verfügung. Das Geschäft konnte etliche dieser Objekte erwerben, und der heutige Rathaus-Apotheker Stefan Fritz pflegt die Tradition weiter. Alle paar Monate platziert er eine andere Maschine im Schaufenster.

Manch einem Vorbeieilenden entlocken die wundersamen Objekte ein Schmunzeln. Und vor allem Kinder bleiben gern stehen, um das rege Treiben eingehend zu betrachten. Es lohnt sich, auch einmal einen Blick ins Innere der historischen Apotheke zu werfen. Es verzaubert mit einem Parkettboden, einem antiken Ladentisch, geschnitzten Bögen, Vitrinen und unzähligen kleinen Schubladen aus dunklem Holz.

Adresse Kramgasse 2 (Schaufenster um die Ecke an der Kreuzgasse), 3011 Bern, Tel. 031/3111481, www.apotheke.ch/rathaus-bern // **ÖV** Bus 12, Haltestelle Rathaus // für jedes Alter

TIPP: Auf Voranmeldung darf man im Keller der Rathaus-Apotheke das kleine, aber feine Apothekenmuseum mit Objekten wie Waagen, Mörsern und weiteren bewegten Maschinen besichtigen.

7_DIE BAKERY KITCHEN

Ein Paradies für Backfans

Auf den Cupcake kommt ein Hund. Sorgfältig formt ihn das Mädchen aus einer weichen weissen Zuckermasse. In der Bakery Kitchen ist eine fröhliche Gruppe von Kindern dabei, unter Anleitung einer Konditorin Cupcakes zu verzieren. Auf dem grossen Tisch liegen Zuckerperlen, Streusel, Glitzer, Ausstechformen und Fondant-Zuckermasse in allen Farben. Damit zaubern die Kinder Schmetterlinge, Blumen und Tiere auf die Gebäcke. Klar, dass das Mädchen mit dem Fondant-Hund zur Ausstechform «Knochen» greift. Am Schluss dürfen die Kinder einen Karton mit vier verzierten Cupcakes nach Hause nehmen.

Die Bakery Kitchen ist ein Paradies für Backfans. Im Laden findet man alles, was man zum Backen und Verzieren braucht: unzählige Back- und Ausstechformen, Spritztüllen, Zuckerperlen und -streusel, Modellierpasten, Backmischungen und Lebensmittelfarben. Wer beim Backen nicht selbst Hand anlegen will, kann hier auch Torten nach Mass bestellen.

Irene Leu, die einst Dentalhygienikerin war, machte ihre Back-Leidenschaft 2015 zum Beruf. Sie eröffnete die Bakery Kitchen, wo sie nebst sämtlichen Zutaten und Werkzeugen rund ums Backen auch Kurse anbietet. Unter Anleitung einer Konditorin lernt man zum Beispiel, Torten zu dekorieren, Pralinés herzustellen und Spritztechniken richtig anzuwenden. Für Kinder von sechs bis 13 Jahren gibt es Workshops im Cupcake- und Tortenverzieren, mit oder ohne Begleitung.

Adresse Spitalgasse 29, 1. Stock, 3011 Bern, Tel. 031/3112206, www.bakery-kitchen.ch // **ÖV** unweit des Bahnhofs gelegen // **Öffnungszeiten** Mo 13.30–18.30 Uhr, Di–Fr 10–18.30 Uhr, Sa 10–17 Uhr // ab 6 Jahre

TIPP: Spaziert man die Spitalgasse hinab, kommt man zum Käfigturm. Er diente einst als Wehrturm und Gefängnis.

8_DER BANTIGERTURM

Die Welt von oben sehen

Wo ist er jetzt bloss? Bei der Anfahrt thronte der Bantigerturm mit seiner rot-weiss gestreiften Spitze, die wie eine Nadel in den Himmel ragt, gut sichtbar auf dem bewaldeten Hügel. Nun, auf der Wanderung vom Parkplatz «Cholgruebe» oberhalb von Stettlen aus zum Turm, ist er plötzlich verschwunden. Die Devise heisst: durchhalten! Der Weg führt durch einen schönen Wald hinauf, und nach 20 bis 30 Minuten steht man zu Füssen des 197 Meter hohen Fernsehturms.

Nun beginnt das Abenteuer: 154 Treppenstufen muss man erklimmen, um zu der gut 33 Meter hohen Aussichtsplattform zu gelangen. Die Mühe lohnt sich. Denn die Aussicht auf die Stadt Bern, das Mittelland bis zum Jura und zu den Berner Alpen ist grossartig. Einst befand sich auf diesem Hügel eine Fliehburg, später wurde sie zur Hochwacht und schliesslich zum Signalpunkt in der Landesvermessung. 1954 errichtete man auf dem Bantigerhügel einen 60 Meter hohen Fernsehturm. Anlass gab die Fussballweltmeisterschaft, die im selben Jahr in der Schweiz stattfand. Zum ersten Mal in Europa wurden damals Spiele live übertragen. Die Signalverteilung verlief per Richtfunk über den Bantiger und das Jungfraujoch.

In den 1990er Jahren wurde der heutige Turm gebaut, 1996 nahm er seine Sendearbeit auf. Heute wird der Bantigerturm von der Firma «Swisscom Broadcast» betrieben und ist ein wichtiger Standort für das Schweizer Übermittlungsnetz.

Adresse Bantiger, 3065 Bolligen // **ÖV** RBS-Bahn bis Bahnhof Stettlen, Fussmarsch circa 75 Minuten // **Anfahrt** von Bern nach Stettlen, links abzweigen und zum Parkplatz «Cholgruebe» am Waldrand hochfahren, von dort circa 20–30 Minuten zu Fuss // ab 4 Jahre

TIPP: Auf der Wanderung durch den Wald lässt sich wunderbar ein Picknick einbauen.

9_DER BÄRENPARK

Tierfreundliches Zuhause für Berns Wappentier

Bern wurde 1191 von Berchtold V. von Zähringen gegründet. Eine Sage erzählt, der Herzog habe beschlossen, die Stadt nach dem ersten Tier zu benennen, das er im Wald erlegen würde. Das Tier war ein Bär. Später begannen die Berner, ihr Wappentier in einem Graben zu halten. Die erste überlieferte Nachricht eines Bärengrabens stammt aus dem Jahr 1441. Damals befand er sich am Bärenplatz, später im Bereich des heutigen Bollwerks. 1857 wurde der Bärengraben bei der Nydeggbrücke eröffnet, der noch heute zu sehen ist. Dort drehten die Bären ihre Runden und bettelten bei den Menschen um Futter.

Seit 2009 haben die Bären gleich nebenan ein tierfreundlicheres Zuhause: den 6.000 Quadratmeter grossen BärenPark, der sich am Hang des Aareufers erstreckt und mit Bäumen, Büschen, Höhlen und einem Wasserbecken viel Raum und Rückzugsorte bietet. Zu entdecken gibt es drei Braunbären: Mutter Björk, Vater Finn und Tochter Ursina. Die Tierpflegenden verstecken Futter wie Gemüse, Früchte und Nüsse. Ab und zu bekommen die Bären auch Fleisch, Fisch oder sogar mal etwas Honig, der mit langen Pinseln an die Bäume gestrichen wird. Mit der Futtersuche sollen die Tiere eine sinnvolle Beschäftigung erhalten.

Um die Bärenfamilie gut beobachten zu können, empfiehlt es sich, rund um das Gehege zu spazieren: hinten die Treppe runter, an der Aare entlang und bei der Nydeggbrücke die Stufen wieder hoch bis zum Klösterlistutz. Achtung: In der kalten Jahreszeit halten die Bären eine Winterruhe und sind nicht zu sehen.

Adresse Grosser Muristalden 4, 3006 Bern, www.tierpark-bern.ch // ÖV Bus 12, Haltestelle Bärenpark // für jedes Alter

TIPP: In den kleinen Bärengraben, wo früher Bären gehalten wurden, kann man heute hinuntersteigen. Dort gibt es lebensgrosse Bären aus Holz, einen alten Bärenstall, Infos zur Geschichte, einen Platz zum Picknicken und im Sommer ein Bistro.

10_DER BAUERNHOF ELFENAU

Ein Spaziergang zu Eseln, Ziegen und Kaninchen

Pedro und Mira sieht und hört man schon von Weitem. Die beiden Esel dürfen sich auf verschiedenen Weiden rund um den Bauernhof bewegen. Und auch die Ziegen sind meistens da, ausser im Hochsommer, wenn sie auf der Alp weilen. Der Besuch des Bauernhofs Elfenau lässt sich bestens in einen schönen Spaziergang einbauen. Anmeldung braucht es keine, man kann einfach vorbeikommen. Die Tiere – es gibt auch Kaninchen, Hühner und Minipigs – darf man anschauen, aber nicht füttern.

Sie gehören Veronika Singa, Betriebsleiterin der Waldkita Murifeld, und Franziska Engel, Leiterin des LernOrts der Kitas Murifeld. Als sich eine der Frauen vor ein paar Jahren zwei Ziegen anschaffte, hatten sie eine Idee: Sie wollten den LernOrt gründen und Kinder dazu anleiten, die Tiere unter Einbezug von tiergestützter Pädagogik zu betreuen. Der Zufall wollte es, dass auf dem Bauernhof Elfenau der Stall frei wurde. Der Bauer hatte die Kühe weggegeben und betrieb den Hof fortan nur noch mit dem Anbau von Futter. So kam es, dass Veronika Singa und Franziska Engel den Stall für ihre Tiere mieten konnten. Bald gesellten sich zu den Ziegen auch Esel, Kaninchen und Hühner.

Seither verrichten die Frauen regelmässig mit den Kindern die Stallarbeit. «Helfen die Kinder beim Füttern, Pflegen und Misten, entwickeln sie sich ganzheitlich und gesund», sagt Veronika Singa. «Wir möchten ihnen den Respekt vor der Natur und den Lebewesen vermitteln.» Und allen anderen bescheren sie ein erfreuliches Erlebnis auf einem Spaziergang.

Adresse Elfenauweg 110, 3006 Bern, www.kitamurifeld.ch/waldkita, www.lernort-bern.ch // ÖV Bus 19, Endstation Elfenau, von dort circa fünf Minuten Fussweg durch den kleinen Wald (rechts halten) // für jedes Alter

TIPP: Im Selbstbedienungs-Hoflädeli gibt es unter anderem Sirup, Konfitüren und Eier.

11_DER BAUMLEHRPFAD

Eine Zypresse zum Klettern und ein Taschentuchbaum

Man kommt vielleicht nicht unbedingt auf die Idee, einfach so im Park einer psychiatrischen Klinik spazieren zu gehen. Beim Universitären Psychiatrischen Dienst Bern UPD darf man das. Und es lohnt sich, denn der Park ist wunderschön und birgt ungefähr 700 alte Bäume. Auf der Baumlehrpfad-Karte, die man am Empfang in der Neuen Klinik erhält, sind die markantesten Exemplare eingezeichnet. Es gibt stattliche Mammutbäume, alte Platanen, Rotblättrige Ahorne und eine der grössten Weiden im Kanton Bern.

Eine Besonderheit ist der Taschentuchbaum, der gleich neben der Waldkapelle steht. Besucht man ihn zu seiner Blütezeit ungefähr Mitte Mai, staunt man nicht schlecht: Der Baum sieht aus, als wäre er mit unzähligen Taschentüchern behängt. Die Kinder werden sich aber vor allem an der Scheinzypresse erfreuen. Der immergrüne, etwa 100 Jahre alte Baum hat einen Stamm, der knapp über dem Boden vielfach verästelt ist. Darauf lässt es sich herrlich herumklettern.

TIPP: Am Empfang in der Neuen Klinik gibt es ein öffentliches Café und hinter der Minigolfanlage beim Parkplatz einen Spielplatz.

Hinter dem Hauptgebäude befindet sich ein lauschiger Teich mit Karpfen. Mittendrin steht eine Eisenplastik des Künstlers Bernhard Luginbühl. Es ist eine Maschine, und mit etwas Glück funktioniert sie sogar. Wenn man auf den Knopf am Ufer des Teichs drückt, setzt sich eine grosse Kugel in Bewegung und wird ans andere Ende des Kunstwerks transportiert. Nach all den Eindrücken hat man jetzt vielleicht Hunger bekommen. Unter den alten Bäumen kann man herrlich picknicken, und auch die Grillstelle neben dem Teich darf man benutzen.

Adresse Bolligenstrasse 111, 3000 Bern // **ÖV** Busse 28 und 44, Haltestelle UPD Waldau // für jedes Alter

12_DAS BECANTO

Das familienfreundliche Brunch-Lokal

In diesem kleinen, feinen Lokal im Westen von Bern fühlt man sich auf Anhieb wohl: hölzerne Tische mit zusammengewürfelten Stühlen, eine gemütliche, wohnzimmerähnliche Ecke und ein junges, freundliches Team. Hier kann man von Mittwoch bis Sonntag zwischen 8.30 und 14 Uhr brunchen. Am Nachmittag gibt es allerlei Getränke und Snacks, unter anderem hausgemachten Eistee und verschiedene Kuchen.

Doch zurück zum Brunch. Die Auswahl ist vielfältig und reicht von der Bowl mit Früchten und Toasts mit Avocado, Spiegelei, Speck oder Lachs über Salate und gefüllte Brioches bis hin zu Pancakes. Viele Angebote sind vegetarisch oder vegan. Auch ein klassisches Schweizer Frühstück mit Gipfeli, Butter, Konfitüre, Käse und Orangensaft ist erhältlich. Da finden auf jeden Fall auch die Kinder etwas. Und notfalls darf man auch einfach eine Scheibe Toastbrot, ein Gipfeli oder einen einfachen Pancake mit separaten Zutaten bestellen. Das Personal ist unkompliziert und versucht, alle Wünsche der Gäste zu erfüllen.

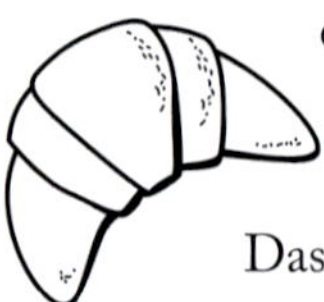

Das Lokal ist angenehm überschaubar, im Sommer kann man auch draussen auf der Terrasse sitzen. In der Toilette gibt es einen Wickeltisch, der für Mamas und Papas zugänglich ist. Und für die ganz Kleinen stehen Hochstühle sowie ein paar Bilderbücher und Holzspielsachen bereit. Das Becanto ist das perfekte Lokal für einen entspannten Familienbrunch. Am Wochenende ist es ratsam, einen Tisch zu reservieren.

TIPP: Das Becanto liegt in einer Wohnsiedlung. Geht man auf der hinteren Seite links um die Ecke, kommt man zu einem kleinen Spielplatz, den Kinder benutzen dürfen.

Adresse Bethlehemstrasse 183, 3018 Bern, Tel. 031/5253333, www.becanto.ch // **ÖV** Trams 7 oder 8, Haltestelle Bümpliz Unterführung // **Öffnungszeiten** Mi–So 8.30–18 Uhr, Brunch 8.30–14 Uhr // für jedes Alter

13_DER BERN AIRPORT

Grosse weite Welt am kleinen Flughafen

«Bälpmoos, Bälpmoos, spick mi furt vo hie», singt die Berner Band Patent Ochsner in ihrem berühmten Song. Das «Sich-wegspicken-Lassen», hoch über die Wolken und in ferne Länder, genau dieses Gefühl hat man hier auf dem kleinen, familiären Flughafen, den die Berner Belpmoos nennen. Das Gefühl stellt sich spätestens dann ein, wenn man auf die kugelförmige Aussichtsplattform steigt und den Blick über die Pisten schweifen lässt. Vielleicht taucht ja über Bern ein Flugzeug auf, und man kann seine Landung beobachten? Hält es in der Nähe, erlebt man mit, wie die Passagiere aussteigen und das Gepäck ausgeladen wird.

Im Sommer finden Charterflüge ins Mittelmeergebiet und nach Norddeutschland mit den Schweizer Fluggesellschaften «Helvetic Airways» und «SFS Swiss Flight Services» sowie mit der deutschen «Lübeck Air» statt. Zu dieser Zeit lohnt es sich, vor dem Besuch den Flugplan zu studieren. Im Winter sieht man mit etwas Glück eine der vielen privaten Maschinen, die hier unterwegs sind.

Die grössten Flugzeuge, die auf dem Belpmoos starten und landen, haben mehr als 100 Plätze, die kleinsten nur zwei. Bei Letzteren handelt es sich oft um Maschinen der Flugschule, die hier nebst Helikoptern und Flugzeugen für Rundflüge stationiert sind. Auch eine Rega-Basis befindet sich am Bern Airport. Und wenn die Schweizer Bundesräte eine Reise unternehmen, starten sie von hier. Dieser kleine, sympathische Flughafen bietet eine wunderbare Mischung aus persönlicher Atmosphäre und grosser weiter Welt.

Adresse Flugplatzstrasse 31, 3123 Belp, Tel. 031/9602111, www.bernairport.ch // **ÖV** S1 nach Rubigen oder S3, S4, S31 und S44 nach Belp, von dort Bus 160 zum Flughafen // **Anfahrt** von Bern via Wabern und Kehrsatz, mehrere grosse Parkplätze am Flughafen // ab 3 Jahre

TIPP: Auf der anderen Seite des Flughafengebäudes liegt ein schönes Naturschutzgebiet mit viel Wasser, Schilf, Bäumen und unterschiedlichen Lebewesen. Eine Aussichtsplattform bietet einen guten Einblick.

14_DAS BERNAQUA

Ein Erlebnisbad für die ganze Familie

Schon beim Gang zur Garderobe bleiben die Kinder fasziniert stehen. Denn von dort aus ist durch ein Fenster der Wildwassercanyon zu sehen. Immer wieder flitzen kleinere und grössere Personen vorbei, lachend und jauchzend. Einmal geht es durch ruhige Gewässer, einmal über wilde Stromschnellen. Zehn Jahre alt muss man sein, um hier rutschen zu dürfen, oder aber 1,20 Meter messen.

Doch selbstverständlich hat dieses Erlebnisbad auch Angebote für jüngere Kinder. In einer Dschungellandschaft können die Kleinen erste Erfahrungen im flachen Wasser machen und im Piratenschiff «Takatiki» mit Wasserspritzen spielen. Es gibt Becken mit Massagedüsen, Fontänen und einem Wasserfall sowie ein Sprudelbecken, das nur einen halben Meter tief ist. Ein weiteres Erlebnis ist das Flussbad: Dort wird am Mittwochnachmittag und am Wochenende ein Wasserparcours eingerichtet, bei dem die Kinder Balance und Geschicklichkeit üben können.

Und dann sind da noch die drei Rutschen. Eine davon ist die «Magic Eye», die ab vier Jahren zugänglich ist. In eineinhalb Meter breiten Kunststoffreifen saust man über 175 Meter abwärts. Ein Abenteuer für die ganze Familie. Um sich auf den Besuch mit Kindern vorzubereiten, schaut man sich am besten vorher im Internet die Videos an. Das Bernaqua, das 2008 seine Tore öffnete, bietet auch einen umfangreichen Wellness- und Fitnessbereich. Und wer nach all dem Spass hungrig ist, findet im Bistro eine Auswahl an frischen Speisen.

Adresse Einkaufszentrum Westside, Riedbachstrasse 98, 3027 Bern-Brünnen, Tel. 031/5569595, www.bernaqua.ch // ÖV Tram 8 bis Endstation Brünnen Westside Bahnhof; S5, S51 und S52, Haltestelle Bern Brünnen Westside // Anfahrt auf der A1 Richtung Murten-Neuchatel, Ausfahrt Bern Brünnen, dann rechts, Parkhaus im Einkaufszentrum Westside // Öffnungszeiten täglich 9–22 Uhr // für jedes Alter

TIPP: Wer Lust hat, kann das Badeerlebnis mit einem Besuch im Kino Pathé Bern Westside abrunden, wo immer auch Familienfilme gezeigt werden (www.pathe.ch).

15_DAS BERNER PUPPENTHEATER

Eintauchen in die magische Welt der Geschichten

Schon das Ankommen ist ein Erlebnis. Zwischen den aufgeklappten roten Flügeltüren führt eine steile Treppe in den Keller hinab. Und dann betritt man vom winzigen Kassenraum aus das Theater. In diesem kleinen Raum mit dem Spitzbogen, dem roten Teppich, den rot-goldenen Stühlen und der Bühne mit dem dunklen Stoff ist alles ist ganz nahe beieinander. Willkommen im Berner Puppentheater!

Seit mehr als 40 Jahren werden in diesem ehemaligen Weinkeller Geschichten erzählt: mit Stabpuppen, Handfiguren, Marionetten, Schattenfiguren, Objekten und Masken. Frank Demenga und Karin Wirthner haben das Puppentheater 2017 übernommen, und man spürt das Herzblut, mit dem sie dabei sind. Die beiden betrachten das Theater als Antwort auf unsere Welt, die immer schneller und digitaler wird. Hier gehe es zurück zum unmittelbaren und sinnlichen Erleben, sagen sie. Für Kinder sei der Besuch im Puppentheater oftmals der erste Theaterbesuch in ihrem Leben. Somit werde ein wertvoller Grundstein für das spätere Interesse an Theater und Kultur gelegt.

Gespielt werden Eigenproduktionen und moderne Fassungen von traditionellen Stücken. In der Weihnachtsgeschichte kommt zum Beispiel ein syrisches Flüchtlingsmädchen vor. In anderen Stücken geht es um die Abholzung des Regenwaldes oder die Zerstörung der Meere. Aktuelle Themen und der Zauber des Theaters schliessen sich nicht aus. Im Berner Puppentheater taucht man mit allen Sinnen in die magische Welt der Geschichten ein.

TIPP: Unten an der Gerechtigkeitsgasse fliesst der Stadtbach ein Stück aufwärts. Magie? Nein, es ist das Werk «Gegenlauf im Fluss» des Berner Künstlers Martin Beyeler.

Adresse Gerechtigkeitsgasse 31, 3011 Bern, Tel. 031/3119585, www.berner-puppentheater.ch // ÖV Bus 12, Haltestelle Nydegg // ab 5 Jahre

16_DER BERNER STADTIMKER

Gotte oder Götti eines Bienenvolks werden

Spaziert man am BärenPark entlang nach hinten, hört man im Sommer vielleicht ein emsiges Summen. Oben an der steilen Wiese stehen ein paar farbige Bienenkästen. Hier wohnen die Bienen des Berner Stadtimkers Thomas Eberhard. Die fleissigen kleinen Tiere bestäuben die Wiesenblumen, die Bäume in den Pärken und an der Strasse sowie die Pflanzen in Gärten, auf Balkonen und Terrassen.

Schon als Kind sah Thomas Eberhard fasziniert zu, wenn sein Nachbar am Imkern war. 2006 absolvierte er einen Imkerkurs, und ein Jahr später schenkte ihm seine Schwiegermutter ein Bienenvolk. Zuerst hielt er es auf der Terrasse, später, als weitere dazukamen, zog er mit ihnen an den Aarehang oberhalb des Bärenparks. Thomas Eberhard möchte mit seiner Tätigkeit etwas für die Bienen tun und zum Fortbestand der Natur beitragen. Wer Lust hat, darf sich gern melden und ihm bei der Arbeit über die Schulter schauen.

Man kann sogar Gotte oder Götti eines Bienenvolks werden. Beim Angebot «rentabee.ch» darf man seinen Namen auf den Kasten eines Volkes schreiben lassen. Im Laufe des Sommers besucht man die Bienen ein oder mehrere Male und lernt dabei die wichtigsten Handgriffe des Imkerns kennen. Am Schluss kann man den Honig der «eigenen» Bienen mit nach Hause nehmen. Der «Bärenhonig», den es, falls es genug hat, beim Stadtimker auch zu kaufen gibt, ist meist flüssig. Er besteht aus Frühlingsblumen, wilden Margeriten und einem Hauch von Kirsch-, Linden- und Kastanienblüten.

Adresse Grosser Muristalden, 3006 Bern, Tel. 031/3342035, www.bernerstadtimker.ch // ÖV Bus 12, Haltestelle Bärenpark, am BärenPark entlang nach hinten gehen, Bienenstöcke links oben in der Wiese; direkter Zugang vom Grossen Muristalden aus // Öffnungszeiten im Sommer auf Anfrage // ab 7 Jahre

TIPP: Nebenan befindet sich das «Alte Tramdepot», ein Restaurant mit einer Gelateria und einem schönen Blick auf die Berner Altstadt (www.altestramdepot.ch).

17_DIE BIBERSPUREN

Bauten, Pfade und abgenagte Baumstämme

Am Aareufer kurz vor Hinterkappelen gefällt es den Bibern. Schaut man genau hin, stösst man immer wieder auf ihre Spuren. Abgenagte Baumstämme etwa, die in ihrer Form an Sanduhren erinnern. Einige Bäume stehen noch, andere befinden sich in Schieflage oder sind bereits umgestürzt. Vielleicht sieht man auch schmale Spuren, die sich vom Wasser durchs Gras in den Wald ziehen. Das sind die Pfade, die die Biber in der Dämmerung und nachts einschlagen. Oder man entdeckt sogar einen Biberbau, der aus vielen Ästen und Zweigen besteht.

Biber sind vielseitige Tiere: Sie können schwimmen, tauchen, Bäume fällen und Bauten errichten. Die Vorderpfoten gebrauchen sie wie die Menschen ihre Hände. Die Hinterpfoten haben lange Zehen, die durch Schwimmhäute miteinander verbunden sind. Die Biber sind Vegetarier und fressen im Sommer Kräuter, Maiskolben und Früchte, im Winter vor allem Baumrinden. Am liebsten mögen sie die Zweige und Knospen der Baumkronen. Doch ihre Füsse sind nicht fürs Klettern gemacht! Also müssen sie die Bäume fällen, um fressen zu können. Mit den ständig wachsenden Zähnen und den starken Kaumuskeln können die Biber einen Baum in einer einzigen Nacht zu Fall bringen.

TIPP: Einen guten Blick auf das ganze Ufer hat man von der kleinen Brücke «Stägmattsteg» gleich zu Beginn des Weges aus. Feldstecher mitnehmen!

Es ist spannend, diesen Weg an der Aare zu beschreiten und nach Biberspuren Ausschau zu halten. Hier gilt: Wer suchet, der findet! Und kommt man nach 20 Uhr vorbei, erhöht sich die Chance, einen Biber zu Gesicht zu bekommen.

Adresse an der Aare beim Stägmattsteg, 3032 Hinterkappelen // **ÖV** Bus 101, Haltestelle Hinterkappelen Aumatt, von der Kreuzung Dorfstrasse-Wylhalenstrasse-Unterdettigenstrasse hinunter zur Aare, dann flussaufwärts // ab 5 Jahre

18_DAS BIMANO

Der abenteuerliche Indoorspielplatz

Zuerst gab es eine Idee und kein Geld. Aber auch eine leere Halle, viel Zeit und geschickte Hände. So ist das Bimano entstanden. Seit 2017 bietet dieser Indoorspielplatz auf 850 Quadratmetern viele Attraktionen für Kinder. Hier können sich die Kleinen bewegen und alles ausprobieren, was ihnen Spass macht. Das meiste im Bimano ist von Hand gefertigt. Der Hai im Meer aus blauen Bällen und der riesige Panda, aus dessen Maul eine Rutschbahn führt, sind aus Holz.

Viele Dinge wurden verwendet, die sonst auf dem Schrottplatz gelandet wären. Das U-Boot etwa, in das man durch eine Seilröhre klettern kann, ist ein ehemaliges Futtersilo von einem Bauernhof. Das Bimano-Team hat es bunt bemalt und eine alte Feuerwehrstange eingebaut, an der man hinuntersausen kann. Bimano bedeutet «zwei Hände». Für die Betreiber heisst das: Hier geht alles Hand in Hand. Einer der Mitarbeitenden ist ein Tüftler und kreiert immer wieder neue, an Tinguely erinnernde Maschinen, an denen die Kinder drehen und hebeln dürfen. Und wenn mal etwas kaputtgeht, wird es in der Werkstatt repariert.

Dass die Anlage in der ehemaligen Giesserei ein Herzensprojekt von Freunden ist, spürt man sofort. Ein «bunter Haufen» seien sie, sagt einer der Gründer, «eine grosse Familie, in der alle mit anpacken». Und genau das macht den Charme dieses Ortes aus. Wer übrigens zwischendurch eine Pause braucht, kann sich im integrierten Restaurant Zent verpflegen. Dort gibt es vegane und vegetarische und vor allem kindgerechte Gerichte.

TIPP: Für grössere Kinder und Erwachsene gibt es im hinteren Teil des Gebäudes eine Boulderhalle.

Adresse Zentweg 1A, 3006 Bern, Tel. 031/9340360, www.bimano.ch // **ÖV** Bus 10, Haltestelle Waldeck; Tram 9, Haltestelle Gusianplatz Expo, von beiden Haltestellen circa zehn Minuten Fussweg // **Öffnungszeiten** Mo–Fr 9–18 Uhr, Sa, So 10–18 Uhr // ab 3 Jahre

19_ DER BOTANISCHE GARTEN

Ein Fest für die Nase in der Duftoase

In der Duftoase des Botanischen Gartens darf man die Pflanzen berühren. Man soll sogar. Denn auf diese Weise kann man ihren Duft am besten wahrnehmen. Das geht so: ein Blatt sorgfältig anfassen, ein bisschen daran reiben und die Finger zur Nase führen. Jetzt kann man die Pflanze herrlich riechen. Minze, Salbei und Zitronengras etwa. Aber das ist längst nicht alles. Sogar eine Schokoladenblume wächst hier – und Stauden, die nach Coca-Cola und Gummibärchen riechen.

Der von der Universität betriebene Garten, der früher vor allem Studienzwecken diente, ist heute für alle zugänglich. Er beheimatet rund 5.500 Pflanzen aus aller Welt, von Palmen über Kakteen und Giftpflanzen bis hin zu Heilkräutern und verschiedenen Nutzpflanzen. Die Kinder freuen sich über den uralten Mammutbaum und die Riesen-Seerosen, deren Blätter über einen Meter Durchmesser erreichen. Es gibt ein Wildbienenhaus, einen Schmetterlingsgarten und einen Teich mit Fröschen. Und in den tropischen Schauhäusern wachsen unter anderem fleischfressende Pflanzen.

TIPP: Auf der anderen Seite der Aare befindet sich der Blutturm. Um den einstigen Wehrturm ranken sich viele gruselige Geschichten.

Wer Lust hat, setzt sich auf eine schattige Bank oder auf die grosse Liegewiese und picknickt. Der Botanische Garten ist aber kein Spielplatz. Hier geht es darum, genau hinzuschauen und spannende Pflanzen und Tiere zu entdecken. Die grüne Stadtoase bietet auch Kultur und Kulinarik. Nebst Konzerten und Theater werden Führungen und Thementage für Gross und Klein veranstaltet. Und das Café bietet im Sommer allerlei Köstliches bei Durst und Hunger.

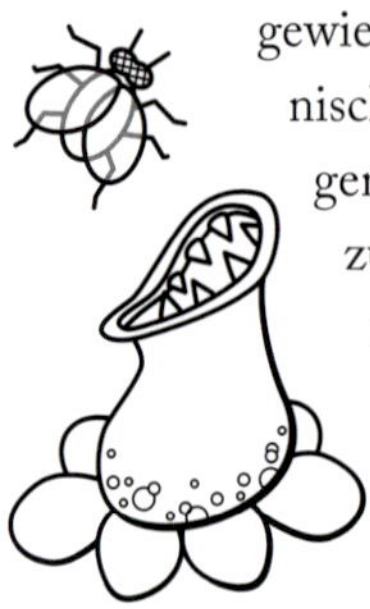

Adresse Botanischer Garten der Universität Bern (BOGA), Altenbergrain 21, 3013 Bern, Tel. 031/6844945, www.botanischergarten.ch // **ÖV** Bus 20, Haltestelle Gewerbeschule // **Öffnungszeiten** Schauhäuser täglich 8–17 Uhr, Duftoase circa Juni–Mitte Okt., saisonale Zeiten siehe Website // für jedes Alter

20_DAS BOWLINGCENTER

Bowlen für Kinder im Rubigen Center

Es ist eine funkelnde und blinkende Welt, die man im Rubigen Center betritt. Die Kinder werden grosse Augen machen. Hier dürfen sich die Kleinen bereits ab vier Jahren im Bowlen versuchen. Die Seitenwände der zehn Bahnen lassen sich hochziehen, sodass die Bälle nicht ständig wegrollen. Letztere gibt's ausserdem in einer Light-Version, damit die Kinder gefahrlos damit umgehen können.

Eine weitere Erleichterung sind die Metallgestelle, die meistens am Rand der Bahnen stehen. Sie wurden ursprünglich als Starthilfe für Rollstuhlfahrer angefertigt und sind gerade hoch genug für Kinder. Wenn sie den Ball auf das Metallgestell legen und ihn so abrollen, klappt es meist wunderbar. Die Kleinen haben sonst oftmals zu wenig Kraft, um dem Ball genügend Schwung mit auf den Weg zu geben. Mit all diesen Hilfen macht das Bowlen der ganzen Familie so richtig Spass!

Nach ein paar Runden meldet sich vielleicht der Hunger. Im integrierten Restaurant ist von der Familienpizza über Pommes bis zum Burger viel allgemein Beliebtes erhältlich. Eine Herausforderung wird vermutlich sein, die Kleinen an den zahlreichen blinkenden Spielautomaten vorbeizulotsen. Weitere Verlockungen warten im Untergeschoss: Dort gibt es einen Indoorspielplatz und eine kleine Gokart-Bahn.

Adresse Rubigen Center, Altes Riedgässli 28, 3113 Rubigen, Tel. 031/7215111, www.rubigencenter.ch // **ÖV** S1, Haltestelle Rubigen, von dort circa 15 Minuten Fussweg // **Anfahrt** von Bern über Allmendingen bei Bern, im Kreisel kurz vor Rubigen links und den Schildern folgen // **Öffnungszeiten** Mi–So, genaue Zeiten siehe Website // ab 4 Jahre

TIPP: Fährt man von Rubigen Richtung Belp, findet man links vor der Brücke im renaturierten Aaregebiet wunderschöne Plätze zum Verweilen und Spielen.

21_DER BUREHOFMÄRIT

Beeren zum Selbstpflücken bei der Familie Burren

Es ist schon fast eine paradiesische Vorstellung: mit einem Körbchen losziehen und nach Herzenslust Beeren von den Sträuchern pflücken. Das kann man auf Burrens Burehofmärit in Liebewil. Je nach Saison gibt es Himbeeren, rote Johannisbeeren, Stachelbeeren, Brombeeren, Cassis und Heidelbeeren. Der Beerenbarometer auf Burrens Website zeigt von Juni bis September an, welche Früchte gerade reif sind. Und so macht man sich mit einem Körbchen oder einem anderen Gefäss auf den Weg zu diesem wunderschön gelegenen Bauernhof.

Bei der Ankunft stellt man fest, dass es hier noch viel mehr als nur Beeren gibt. Eine fröhliche Ziegenherde weidet bei der Einfahrt, nebenan entdeckt man Kaninchen und hinter dem Haus Hühner und Schweine. Gern darf man auch einen Blick in den Kuhstall werfen. Aber dann geht's auf zum Pflücken. Vermutlich wandert dabei auch ab und zu eine Beere in den Mund. Gut zu wissen: Burrens Beeren werden nicht mit chemisch-synthetischen Spritzmitteln behandelt.

Ist das Körbchen gefüllt, geht man ins Hoflädeli zum Wägen und Bezahlen. Und wenn man schon mal dort ist, sollte man sich unbedingt noch etwas umsehen. In einem Teil des Ladens ist ein reichhaltiges Angebot an frischem Obst und Gemüse zu finden, im anderen Teil gibt es Konfitüren, Sirup, Chutneys, Teigwaren, Essiggurken, Milchprodukte aus der hofeigenen Käserei und selbst gebackenes Brot.

Adresse Liebewilstrasse 161, 3173 Liebewil, Tel. 031/8890582, www.burehofmaerit.ch // **ÖV** S2 Richtung Laupen, Haltestelle Thörishaus Station, von dort circa 25 Minuten Fussweg // **Anfahrt** von Bern über Niederwangen oder Köniz und Herzwil nach Liebewil // **Öffnungszeiten** Beeren Juni – Sept.; Hoflädeli: Sommer Mo – Fr 8 – 12 und 14 – 18.30 Uhr, Sa 8 – 17 Uhr, Winter Mo – Fr 8 – 12 und 14 – 18 Uhr, Sa 8 – 17 Uhr, Infos auf der Website // für jedes Alter

TIPP: Das Beerenpflücken lässt sich gut mit einer Fahrradtour verbinden. Der Hof liegt abgelegen in einer wunderschönen Gegend mit kleinen Strässchen.

22_DIE CHASCHPERLI-GUTSCHE

Das rollende Puppentheater von Bern

Wie sehr Kinder die Geschichten mit dem fröhlichen Kasperli doch lieben. In Bern gibt es ein ganz besonderes Puppentheater, nämlich ein rollendes mit dem Namen «Bärner Chaschperli-Gutsche». Während der Sommersaison zieht der blaue Wagen mit seinen Theaterstücken von Ort zu Ort. Mal hält er in einem Park, mal auf einem Spielplatz, mal in einem Freibad. Alles ist herrlich unkompliziert, man kann sich einfach hinsetzen und zuschauen.

«Das Angebot soll ein niederschwelliger Einstieg in die Welt des Theaters sein», sagt Maya Silfverberg. Die ausgebildete Kindergärtnerin, Figurenspieltherapeutin und Märchenerzählerin betreut die Chaschperli-Gutsche zu einem grossen Teil. Sie schreibt die Geschichten, fertigt die Figuren und Kulissen an und spielt die Theaterstücke selbst. Maya Silfverberg ist schon viele Jahre dabei.

Ins Leben gerufen wurde die Bärner Chaschperli-Gutsche 1976. Als das Militär alte Pferdefuhrwerke, genannt Fourgons, verkaufte, wurden viele davon als Planwagen auf Spielplätzen aufgestellt. In Zusammenarbeit mit der damaligen Stadtgärtnerei und der Schuldirektion entstand die Idee, aus einem der Wagen eine mobile Kasperli-Kutsche zu machen. Diese sollte fortan durch die Quartiere ziehen. Gesagt, getan. Zuerst spielte man aus der Dachluke heraus, später erhielt der Wagen eine herunterklappbare Theke, die nun die Bühne darstellt. Unterstützt wird das kostenlose Spektakel von idéeBERN, einer Organisation, die mit solchen Nischenangeboten die Stadt beleben will.

Adresse idéeBERN, Junkerngasse 47, Postfach, 3000 Bern, www.ideebern.ch/chaschperli-gutsche // **Öffnungszeiten** Mai–Sept. circa jeden 2. Mi im Monat und eine Vorstellung im Dez., Spielplan siehe Website // ab 2 Jahre

TIPP: Die Figurenspielerin Maya Silfverberg ist auch mit dem mobilen Miniaturtheater «Der Blaue Kuckuck» unterwegs (www.blauer-kuckuck.ch und www.figurentheater-maya-silfverberg.ch).

23_DER CHINDERCHÜBU

Eine Villa Kunterbunt mitten in der Stadt

Pippi Langstrumpf hätte es hier bestimmt gefallen. In diesem fröhlich verwinkelten Haus, das so viele Überraschungen für Kinder bereithält: eine Werkstatt, einen Bastelraum, ein Kletterzimmer mit dicken Matten, einer Reifenschaukel und Klettertürmen, eine Leseecke, Brettspiele, einen Fussballkasten und eine grosse Verkleidungskiste. Im Keller gibt es sogar eine Disco mit einer sich drehenden Glitzerkugel. Die Mitarbeitenden, die stets im Haus sind, legen gern auf Wunsch Musik auf.

Draussen im Garten warten ein Spielplatz, eine Sand- und Bauecke sowie eine Feuerstelle. Das Beste an allem: Von Dienstag- bis Freitagnachmittag dürfen Kinder und ihre Begleitpersonen in den Chinderchübu kommen und all diese Angebote kostenlos nutzen. Auch kleine Velos, Einräder und andere Fahrzeuge sowie Jongliermaterial stehen zur Ausleihe bereit. Man darf sie zum Beispiel mit in den Monbijoupark nehmen, der gleich nebenan liegt.

Der Freizeittreff Chinderchübu setzt sich dafür ein, dass die Kinder in einem Umfeld aufwachsen, in dem sie ihre Persönlichkeit entwickeln können. Sie sollen sich frei bewegen und begegnen dürfen und ihre eigenen Ideen einbringen. Zudem organisiert der Chinderchübu auch Angebote wie Elterntreffs, Repair-Cafés und Sonntagsbrunchs. In einigen Räumen des Hauses sind die Wände bemalt. Es waren Kinder, die dies vorgeschlagen haben, und sie durften gleich selbst Hand anlegen. So ist über all die Jahre eine richtige Villa Kunterbunt entstanden.

TIPP: Lust auf ein Zvieri? Fünf Minuten zu Fuss entfernt befindet sich der Monbijou-Beck mit kleinem Café (www.monbijou-beck-bern.ch).

Adresse Sulgenbachstrasse 5A, 3007 Bern, Tel. 031/3820510, www.chinderchuebu.ch // **ÖV** Tram 9 oder Bus 19, Haltestelle Monbijou // **Öffnungszeiten** Di–Fr 14–18 Uhr, jeden Do 17–20 Uhr Modi*-Träff für Mädchen, jeden 2. Di 17–20 Uhr Giele*-Träff für Buben // für jedes Alter

24_DAS CREAVIVA

Das Kindermuseum im Zentrum Paul Klee

Das Creaviva ist ein wunderbarer Ort, um schöpferisch tätig zu sein. Im Umgang mit Farben, Formen und Klängen erhalten Kinder einen spielerischen Zugang zu Kunst und Kultur. «Wer sich Freiräume zum Ausleben von Phantasie und Kreativität schafft, lebt glücklicher», sagen die Museumsbetreiber. Und in der Tat: Schon das Betreten dieser Künstlerwelt im Untergeschoss des Zentrum Paul Klee zaubert einem ein Lächeln ins Gesicht.

Im frei zugänglichen Loft-Bereich kann man zum Beispiel durch ein grosses Kaleidoskop gucken oder die Farben eines Bildes verändern. Die Stationen wechseln ständig und nehmen Bezug auf die aktuellen Ausstellungen im Zentrum Paul Klee. Im hinteren Bereich gibt es eine Fünfliber-Werkstatt. Da wirft man fünf Franken in die Kasse, nimmt Anleitung und Materialset und wird kreativ. Auch hier ändern sich die Angebote oft, mal können die Kinder mit den Erwachsenen etwas falten, ein andermal malen oder etwas konstruieren.

Mehrmals täglich findet ein Offenes Atelier statt. Unter fachkundiger Anleitung sind die Kinder eine Stunde lang künstlerisch tätig. Monatlich wechselt das Thema, das stets Bezug zu den Werken der ausgestellten Künstler nimmt. Kinder ab acht Jahren dürfen allein kommen, Kleinere in Begleitung von Erwachsenen. Und im Kinderforum, das jeden Samstagvormittag stattfindet, dürfen Kinder ab sieben Jahren in einem Kunstlabor experimentieren. Ja, es ist eine herrlich bunte Welt, die einen hier im Creaviva erwartet.

Adresse Zentrum Paul Klee, Monument im Fruchtland 3, 3006 Bern, Tel. 031/3590161, www.creaviva.ch // **ÖV** Bus 12, Haltestelle Zentrum Paul Klee, von dort circa drei Minuten Fussweg // **Öffnungszeiten** Di–So 10–17 Uhr, So Familienvormittag mit Führung durch die Ausstellung und kreativem Workshop // ab 4 Jahre

TIPP: Nach dem Kreativsein etwas frische Luft schnappen? Rund um das Zentrum Paul Klee gibt es schöne Spazierwege.

25_DIE DAMPFBAHN

Nostalgisch unterwegs im Aaretal

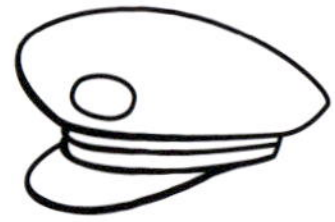

Ein Pfiff ertönt, und aus dem Kamin der Lokomotive zischt Dampf. Die Kinder lachen und winken, als sich der Zug langsam in Bewegung setzt und den Bahnhof mit den drei Gleisen, der Drehscheibe und dem Lokschuppen hinter sich lässt. Die Fahrt geht auf gut 800 Metern zehn Minuten lang durch einen wunderschönen Park, über Wiesen, eine Brücke und durch einen Tunnel. Im Sommerhalbjahr ist die Dampfbahn auf dem Areal der psychiatrischen Klinik in Münsingen jedes zweite und vierte Wochenende im Monat in Betrieb.

Einst waren es drei Männer, die sich regelmässig mit ihren Dampflokomotiven trafen und ihrem Hobby frönten. 1993 wurden sie gebeten, am Bazar der psychiatrischen Klinik Dampfbahnfahrten zu veranstalten. Das war ein Erfolg, und so entstand die Idee, auf dem Klinik-Areal eine Strecke einzurichten. An Ostern 1995 wurde die Bahn mit den Spurweiten von fünf und 7¼ Zoll eingeweiht. Die Zugabfertigung läuft über mechanische Signale ab, die von einem alten SBB-Hebelstellwerk gesteuert werden. Mittlerweile zählt der Verein Dampfbahn Aaretal 50 Mitglieder. Diese pflegen die Flotte von 15 Dampf-, Elektro- und Diesellokomotiven, 35 Personenwagen und zwei Tiefladewagen für Rollstühle ehrenamtlich und mit viel Hingabe.

Es lohnt sich, einen ganzen Nachmittag einzuplanen. Zwischendurch kann man sich im Restaurant bei Kaffee und Kuchen stärken oder nebenan eine Runde Minigolf spielen. Diese Dampfbahn-Wochenenden bieten alles, was man sich für einen gelungenen Familienausflug wünscht.

TIPP: Im Verkaufsladen «Farbtupfer» des Psychiatriezentrums findet man viele selbst gemachte Geschenke, unter anderem Holzspielsachen.

Adresse Psychiatriezentrum Münsingen (PZM), Hunzigenallee 1, 3110 Münsingen, www.dampfbahn-aaretal.ch // **ÖV** S1, Haltestelle Münsingen, von dort circa 15 Minuten Fussweg // **Anfahrt** von Bern über Rubigen nach Münsingen, grosser Parkplatz bei der Klinik // **Öffnungszeiten** April–Okt. jedes 2. und 4. Wochenende im Monat 13.30–17.30 Uhr, genaue Infos auf der Website // für jedes Alter

26_DIE DAMPFZENTRALE

Philosophieren und lernen, Kritik zu üben

Auf den ersten Blick könnte man denken, die Dampfzentrale sei nicht unbedingt ein Ort für Kinder. Doch das täuscht. In diesem Kulturlokal mit Restaurant im Marziliquartier gibt es durchaus Interessantes für ein junges Publikum.

Zum Beispiel das «Philosophieren mit Kindern». Es findet einmal im Monat an einem Sonntag statt, abwechselnd in der Dampfzentrale, im Alpinen Museum der Schweiz und im Schlachthaus Theater Bern. Inspiriert von aktuellen Tanzstücken oder Ausstellungen, philosophieren grosse und kleine Menschen in separaten Altersgruppen. Kinder ab fünf Jahren werden von einer Fachperson und der professionellen Geschichtenerzählerin Saperlotta angeleitet. Vielleicht gibt es zum Einstieg ein Gedankenexperiment oder eine Geschichte. Daraus entstehen Fragen, über die dann altersgerecht diskutiert wird: Ist es schön, erwachsen zu sein? Wer sind wir? Wieso träumen wir?

Doch auch bei den Tanz- und Performance-Vorstellungen, die in der Dampfzentrale gezeigt werden, sind Kinder willkommen. Die Altersangabe entnimmt man jeweils dem Programm. Kinder von zehn bis 13 Jahren können zudem in einer Gruppe für Theaterkritik mitmachen. Gemeinsam besuchen sie mit zwei Theaterpädagoginnen Vorstellungen, dürfen hinter die Kulissen blicken und mit Künstlern sprechen. Anschliessend wird in der Gruppe angeregt über das Erlebte diskutiert.

Adresse Marzilistrasse 47, 3005 Bern, Tel. 031/3100540, www.dampfzentrale.ch // **ÖV** vom Bahnhof aus in circa 20 Minuten zu Fuss oder ab der Bundesterrasse mit dem Marzilibähnli, danach circa 15 Minuten zu Fuss // ab 5 Jahre

TIPP: Neben der Dampfzentrale befindet sich das bekannte Freibad Marzili, wo es auch ein Kinderbecken gibt.

27_DAS DINOSAURIER-SKELETT

Überraschendes auf dem Spielplatz Halen

Es kann gut sein, dass man das Skelett zuerst gar nicht bemerkt. Denn an manchen Tagen ist es fast vollständig mit Sand und Erde bedeckt. In diesem Fall sind kleine und grosse Archäologen gefragt. Mit Händen, Sandwerkzeugen oder Pinseln kann man hier ein ganzes Dinosaurierskelett freilegen. Das erfordert einigen Einsatz,

macht aber grossen Spass! Wer den Dino zum Vorschein gebracht und Lust auf mehr hat, findet nebenan weitere Gegenstände zum Ausgraben: zwei versteinerte Schnecken, sogenannte Ammoniten. Die Fossilien sehen zwar täuschend echt aus, sind es aber nicht. Sie wurden vom Künstler Nick Röllin in Beton gegossen und von «Stadtgrün Bern» auf dem Spielplatz Halen am Eingang des Bremgartenwaldes vergraben.

«Kinder sollen Fläche haben, um kreativ zu sein», sagen die Erbauer des Spielplatzes vom Büro Hänggi Basler Landschaftsarchitektur. Deshalb beschlossen sie, keine vorgefertigten Spielgeräte aufzustellen. Stattdessen gibt es einen Brunnen zum Planschen, ein Bächlein und einen schlichten Turm zum Klettern. Hölzerne Klangstäbe laden zum Musizieren und ein kleiner Parcours zum Velofahren ein. Eine Wiesenfläche kann zum Fussball- oder Fangenspielen benutzt werden.

Eine weitere Besonderheit entdeckt man auf diesem Spielplatz nur, wenn man ganz genau hinschaut. In einem Baumstamm auf der Strassenseite sind nämlich ein paar rostige Türchen eingebaut. Ob hier wohl Zwerge wohnen? Und schon werden die Kinder zu einem weiteren phantasievollen Spiel angeregt.

Adresse vis-à-vis der Halenstrasse 2, 3012 Bern // ÖV Bus 12, Haltestelle Länggasse, von dort circa fünf Minuten Fussweg // ab 3 Jahre

TIPP: Auf einem Spaziergang durch den Bremgartenwald entdeckt man viele schöne Brätliplätze.

28_DAS DRACHENÄSCHT

Spielen, spielen und nochmals spielen

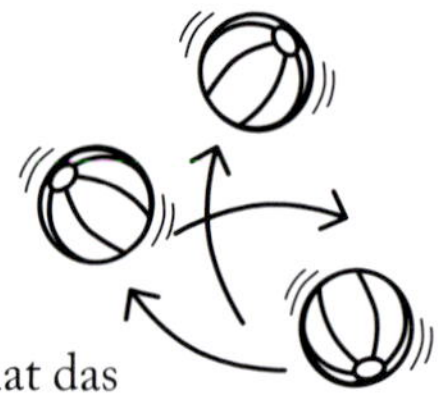

Das DracheNäscht ist so etwas wie ein Berner Urgestein. Sucht man ein gutes, nicht nullachtfünfzehnmässiges Spiel, geht man in diesen Laden. Begonnen hat das Ganze an der Münstergasse, wo die Gründer zunächst Lenkdrachen verkauften. Bald erweiterten sie das Sortiment mit nicht alltäglichen Spielen. Seit 1990 befindet sich das DracheNäscht an der Rathausgasse und bietet auf einer Fläche von über 330 Quadratmetern alles, was Spielerherzen höherschlagen lässt: Brettspiele, Jonglierbälle, Geschicklichkeitsspiele, Flugdrachen, Konstruktionsspiele, Zauberkästen, Puzzles, Einräder, Kugelbahnen, Bastelbogen, Geduldsspiele, Jojos, Drehwürfel, Experimentierkästen, Comics, Mangas und vieles mehr.

Die Beratung ist kompetent. Denn wer hier arbeitet, ist angefressen vom Spielen. Und so geht im DracheNäscht kein Spiel über den Ladentisch, das nicht vorher ausprobiert wurde. Gern nehmen sich die Mitarbeitenden Zeit, die Spiele zu erklären. Und wer Lust hat, setzt sich an den langen Tisch im Untergeschoss und spielt eine Runde.

Ein Highlight für Kinder ist die aus einfachen Mitteln konstruierte Kugelbahn. Wirft man auf der Treppe eine Glasmurmel in einen Trichter, taucht diese in einen durchsichtigen Schlauch ein. Sie saust an der Diele entlang bis zu einer Säule. Dort findet sie den Weg durch eine Giesskanne, PET-Flaschen und Teile einer Cuboro-Bahn, bis sie schliesslich im Deckel einer Schuhschachtel landet.

TIPP: Von hier aus kann man einen Abstecher in eine besondere Gasse der Berner Altstadt machen: Die Brunngasse verläuft halbkreisförmig parallel zur Rathausgasse.

Adresse Rathausgasse 52, 3011 Bern, Tel. 031/3112657, www.drachenaescht.ch // **ÖV** Trams 6, 7, 8, 9, Busse 10, 12, 19, 30, Haltestelle Zytglogge // **Öffnungszeiten** Mo–Mi und Fr 9.30–18.30 Uhr, Do 9.30–21 Uhr, Sa 9–17 Uhr // ab 2 Jahre

29_DER EGELSEE

Grüne Oase und Kulturort

Der Egelsee ist eine grüne Oase mitten in der Stadt. Idyllisch liegt er da, umgeben von Bäumen, Schilf und Sträuchern. In seinem Umfeld leben Libellen, Ringelnattern, Kröten, Frösche, Spechte, Eichhörnchen und Fledermäuse. Baden darf man in dem kleinen See nicht, wohl aber rundherum spazieren. Und das lohnt sich vor allem mit Kindern, denn dabei kommt man zu einer weitläufigen Grünfläche mit einem Spielplatz.

Beim Werkhof am südwestlichen Ende des Egelsees pulsiert das soziale und kulturelle Leben. Der «Verein am See» organisiert immer wieder Kultur- und Quartieraktivitäten wie zum Beispiel Flohmärkte, Konzerte und Ausstellungen. Ab und zu ist auch ein Beizli in Betrieb. Es gibt Angebote wie eine offene Velowerkstatt oder einen Co-Working-Space. Im Sommer kann man im Rahmen eines Urban-Gardening-Projekts Hochbeete mieten und bepflanzen.

TIPP: Spaziert man vom Egelsee in Richtung Zentrum Paul Klee, kommt man zur Spielbrache Wyssloch, einem naturnahen Spielplatz mit Pumptrack.

Aus geologischer Sicht liegt der Egelsee am Ende einer Sumpfrinne und gehört zur Berner Moränenlandschaft. Bereits im 19. Jahrhundert war er ein beliebtes stadtnahes Erholungsgebiet. Die gehobene Gesellschaft vergnügte sich gern auf dem idyllischen kleinen See. Im Sommer gab es einen Bootsverleih, und im Winter frönte man dem Schlittschuhlaufen. Heute kommt es leider nur noch selten vor, dass der Egelsee zufriert und man die Schlittschuhe schnüren kann.

Adresse Werkhof Egelsee, Muristrasse 21E, 3006 Bern // **ÖV** Tram 7, Haltestelle Burgernziel, von dort circa fünf Minuten Fussweg // für jedes Alter

30_DIE ELFENAU

Historische Parkanlage mit grossem Spielplatz

Die Elfenau ist eine Perle der Stadt. Die historische Parkanlage bietet unzählige Möglichkeiten für Familien. Seinen Namen verdankt der Ort der russischen Grossfürstin Anna Feodorowna. Als sie nach Bern emigrierte, kaufte sie 1814 das Brunnaderngut am südlichen Stadtrand. Sie liess es umbauen, einen englischen Park anlegen und den Namen auf «Elfenau» ändern.

In der Grossen Orangerie, wo «Stadtgrün Bern» im Winter empfindliche Kübelpflanzen lagert, werden im Sommer kulturelle Veranstaltungen wie Konzerte, Theater, Tanz, Märkte und Ausstellungen organisiert. Wer eher Ruhe und Natur sucht, findet sie auch. Von der Parkanlage führen viele Spazierwege in den Wald und ans Wasser. Ein schönes Ziel ist das idyllische Chräbsebächli, wo die Kinder wunderbar spielen können. Man erreicht es über den Weg, der neben den historischen Gebäuden des Landguts zur Aare hinunterführt. Ein weiterer Höhepunkt mit Kindern ist der grosse Spielplatz.

Hier können die Kleinsten auf einem riesigen Holzhaufen herumklettern. Grössere versuchen ihr Geschick an einem Findling. Es gibt Rutschen und Schaukeln, und in der Seillandschaft lässt sich die Balance üben. Ein weitläufiger Sandbereich mit Bachlauf lädt zum fröhlichen Matschen ein. Gleich neben dem Spielplatz liegt der Schaugarten, den «Stadtgrün Bern» in Zusammenarbeit mit der Stiftung ProSpecieRara betreibt. Von Frühling bis Herbst gibt es hier viele seltene Pflanzen zu bewundern.

Adresse Elfenauweg 94, 3006 Bern // **ÖV** Bus 19, Haltestelle Manuelweg, von dort circa fünf Minuten Fussweg // für jedes Alter

TIPP: In der Kleinen Orangerie der Elfenau befindet sich ein hübsches Parkcafé (April – Okt. Mi – So 11 – 19 Uhr, www.parkcafe-elfenau.ch).

31_DIE FÄHRE BODENACKER

Mit dem Boot von der Elfenau nach Wabern

Zwischen Thun und Bern waren im 18. und 19. Jahrhundert vier Fähren auf der Aare unterwegs. Eine von ihnen, die Fähre Bodenacker, erhielt 1835 die erste Konzession. Heute ist sie die einzige Fähre zwischen Thun und Bern. Nachdem ihr Betrieb zwischenzeitlich immer wieder eingestellt wurde, konnte sie in den 1980er Jahren von der Gemeinde Muri bei Bern gerettet und weiterbetrieben werden. Die Anlegestelle auf der Elfenau-Seite befindet sich neben dem «Fähribeizli», wo die Aare von Bäumen gesäumt dahinfliesst.

«Bitte läuten» steht auf einem Schild, denn hier gilt «Fahrt auf Verlangen». Während der kurzen Wartezeit setzt man sich am besten auf einen Stein und geniesst den schönen Blick über die Aare. Sie entspringt einem Gletscher in den östlichen Berner Alpen und ist der längste Fluss, der innerhalb der Schweiz verläuft. Nachdem sie Brienzer- und Thunersee durchflossen hat, führt sie weiter nach Bern, durch den Bielersee, über Solothurn und Aarau bis nach Koblenz, wo sie in den Rhein mündet.

Die Fähre Bodenacker ist ganzjährig und täglich in Betrieb. Jedes Jahr lassen sich rund 40.000 Passagiere von der Elfenau nach Wabern oder umgekehrt bringen. Fünf Teilzeit-Fährleute sorgen dafür, dass die Überfahrt mit der an einem Stahlseil geführten Fähre reibungslos klappt. Gut zu wissen: Kinderwagen und Fahrräder können transportiert werden. Und auch wenn die Fahrt nur kurz dauert, ist es jedes Mal ein wunderbarer Moment, von einem Boot über die Aare getragen zu werden.

Adresse Bodenacker 6, 3074 Muri bei Bern // **ÖV** auf der Elfenau-Seite: Bus 19, Haltestelle Elfenau, von dort circa 15 Minuten Fussweg zur Aare; auf der Wabern-Seite: Busse 29 und 340, Haltestelle Wabern, Kleinwabern, von dort circa 15 Minuten Fussweg zur Aare // **Öffnungszeiten** Sommer täglich 10–18.30 Uhr (bei Regen bis 18 Uhr), Mai–Aug. 10–20.30 Uhr (bei Regen bis 18 Uhr), Winter täglich 10–17 Uhr, Kalenderwoche 6 Betriebsferien // für jedes Alter

TIPP: Das «Fähribeizli» auf der Elfenau-Seite lädt zum gemütlichen Verweilen ein.

32_DAS GÄBELBACHTAL

Eine Naturidylle am Stadtrand

Nur wenige Gehminuten vom belebten Einkaufscenter Westside entfernt ist man mitten in der Natur. Das Gäbelbachtal ist ein idealer Ort, um mit Kindern unterwegs zu sein. Man findet unzählige Rastplätze zum Bräteln und Spielen. An einigen Stellen stehen Picknicktische und Bänke, an anderen hat es kleine Inseln im Bach, wo die Kinder herrlich planschen und das Wasser stauen können.

Spaziert man von der Tramhaltestelle Holenacker aus hinunter in den Wald, biegt man bei der Napoleonsbrücke rechts ab. Offenbar haben französische Truppen im Jahr 1798 den bernischen Staatsschatz über diese kleine Brücke abtransportiert. Später wurde damit Napoleons Ägyptenfeldzug finanziert. Wie auch immer – zum Glück ist weit und breit kein Napoleon in Sicht. Dafür der wunderschöne Gäbelbach, dessen Ufer über weite Strecken nicht verbaut sind, sodass man dem natürlich fliessenden Bachlauf folgen kann. Viele Pflanzen gedeihen hier, und auch Tiere wie Biber, Dachs, Eisvogel und Feuersalamander fühlen sich wohl.

Der Abschnitt nach der Napoleonsbrücke Richtung Eymatt ist besonders schön. Hier fliesst der Gäbelbach durch eine liebliche Wald- und Wiesenlandschaft. Am Schluss, kurz bevor man zu den Schrebergärten gelangt, führt der Weg für eine Weile an einem kleinen eingefassten Kanal entlang. In der Eymatt kann man den Bus besteigen und wieder nach Bern zurückfahren.

TIPP: Auch bachaufwärts kann man dem Gäbelbach entlangwandern. Dort kommt man bei Brünnen zu einem Flusstunnel. Biegt man kurz danach links ab, gelangt man zum Einkaufscenter Westside.

Adresse zwischen Holenacker, 3027 Bern-West, und Eymatt, 3032 Hinterkappelen // ÖV Tram 8, Haltestelle Bethlehem b. Bern, Holenacker, über Gäbelbachstrasse und Gäbelbachweg in den Wald hinunter, dann rechts am Bach entlang // für jedes Alter

33_DIE GARTÄBEIZ EYMATT 62

Das kinderfreundliche Campingrestaurant

Campieren wäre die eine Idee. Ein kleiner Ausflug die andere. Denn man kann gut auch ohne Wohnwagen auf diesen Campingplatz kommen. Einfach so. Der Platz liegt zwischen dem Bremgartenwald und einer sanften Aarebiegung vor dem Wohlensee und ist abgesehen vom Eichholz der stadtnächste Campingplatz von Bern.

Einen Besuch wert ist das Campingrestaurant Gartäbeiz Eymatt 62, das sich im Eingangsbereich befindet. Hier ist alles herrlich unkompliziert, und man fühlt sich mit Kindern wohl. Sei es ein Eis oder eine Portion der legendären Bärner Frites – man wird bestimmt fündig. Zu empfehlen sind auch die frisch zubereiteten Burger. Sie werden in verschiedenen Varianten hergestellt, unter anderem auch vegan.

Während die Eltern vielleicht noch einen Kaffee geniessen, zieht es die Kinder schon weiter. Denn hier gibt es so einiges, was ihre Herzen höherschlagen lässt: Gleich neben dem Restaurant sind ein Gehege mit Ziegen und ein kleiner Spielplatz mit Rutschbahn zu entdecken. Weiter hinten, im Campingbereich, ergänzen drei Gartentrampolins, Hängematten und Slacklines, die man benutzen darf, ein Beach-Volleyball- und ein Fussballfeld das Angebot. Ob man auf dem Campingplatz wohnt oder nicht, Ferienstimmung stellt sich hier fast unweigerlich ein. Spaziert man an Campern, Wohnwagen und Zelten vorbei, fühlt man sich plötzlich fernab vom Alltag.

Adresse TCS-Campingplatz Eymatt, Wohlenstrasse 62c, 3032 Bern-Hinterkappelen, Tel. 031/9011007, www.restaurant-eymatt62.ch // ÖV Postautos 101,107, Haltestelle Eymatt b. Bern, Camping // Öffnungszeiten April–Okt., Restaurant: So–Do 8–20 Uhr, Fr, Sa 10–21 Uhr // für jedes Alter

TIPP: Der Campingplatz Eymatt ist ein guter Ausgangspunkt für schöne Spaziergänge im Bremgartenwald und an der Aare.

34_DIE GELATERIA DI BERNA

Nach Herzenslust Gelato schlecken

Mare di Berna? In Bern gibt es ja gar kein Meer! Doch. Die Glacesorte der Gelateria di Berna, die diesen Namen trägt, sieht aus, als läge ein Meer aus Schokolade über ihr. Geschmacklich erinnert sie an Nutella, und aus diesem Grund ist sie der Renner bei Kindern. Die Nugatmischung stammt aus einer Piemonteser Manufaktur, wo die Haselnüsse in einer alten Steinmühle bearbeitet werden. Die Sorte ist nicht nur bei Kindern beliebt. Man munkelt, sie habe eine seelentröstende Wirkung.

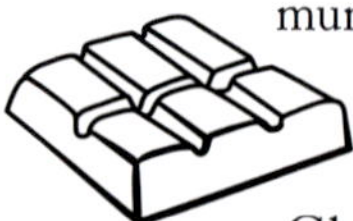

Kleine und grosse Schleckmäuler stehen Schlange im schmalen Durchgang vor der Gelateria, um eine Glace im Becher oder Cornet davonzutragen. Dort, in einer ehemaligen Garage, begann die Erfolgsgeschichte. 2010 erwarb Hansmartin Amrein gemeinsam mit seiner Frau, zwei Brüdern und einem Freund eine Glacemaschine. Die Idee war, fortan Restaurants mit Eis zu beliefern. Doch dann wurden sie beim Produzieren ständig unterbrochen, weil Leute beim Vorbeigehen eine Glace kaufen wollten. Deshalb beschlossen sie, nicht Restaurants mit Eis zu versorgen, sondern eine Gelateria zu eröffnen. Heute gibt es vier Filialen in Bern, drei in Zürich und eine in Basel.

Erhältlich sind mindestens 24 Eissorten, manche davon während der ganzen Saison. Schoggi-Sorbet etwa, Erdbeere und Vanille. Alle Sorten – auch einige vegane, laktose- und glutenfreie – werden am Standort frisch produziert. Es gibt Ausgefallenes wie Ananas-Basilikum und Saisonales wie Kornelkirsche. Wer einer Sorte nicht traut, darf zuerst einen Löffel probieren.

TIPP: Ein Besuch in der Cafébar Sattler gleich neben der Gelateria lohnt sich. Dort gibt es feinen Kaffee und kleine Happen zu essen (www.caffebarsattler.ch).

Adresse Laboratorio Länggasse, Mittelstrasse 15, 3012 Bern, www.gelateriadiberna.ch // ÖV Bus 20, Haltestelle Mittelstrasse // Öffnungszeiten März–Nov. täglich 12–22 Uhr // für jedes Alter

35_DAS GENERATIONENHAUS

Ein Begegnungsort für alle

Das Burgerspital, dieses altehrwürdige Haus am Bahnhofplatz, beherbergt das Berner Generationenhaus. Tritt man durch das Tor, eröffnet sich ein wunderschöner Hof, in dem vor allem im Sommer das Leben pulsiert. Hier kann man sich auf Liegestühlen oder einer Decke auf dem Rasen niederlassen, an der Bar etwas zu essen und zu trinken holen oder das mitgebrachte Picknick geniessen. Es gibt Feuerringe zum Grillieren, einen Pingpongtisch und einen Bouleplatz. Eine reich bestückte Spielkiste für Kinder steht bereit, und gleich anschliessend an den Hof befindet sich ein kleiner Spielplatz.

Auch drinnen ist die Vielfalt gross. In den breiten, hellen Korridoren, die den weitläufigen Hof umschliessen, darf man sich an die Tische oder auf die Sofas setzen, plaudern, spielen, lesen oder sich ausruhen. Die gemütliche Cafébar bietet verschiedene Getränke und am Mittag kleine Menus an.

Das Berner Generationenhaus, das seit 2014 besteht und von der Burgergemeinde Bern betrieben wird, ist ein Begegnungsort für alle. Jung und Alt sollen sich hier treffen, sich willkommen fühlen und den Austausch pflegen. Das Haus will einen sozialen und kulturellen Beitrag zum gesellschaftlichen Zusammenhalt leisten. Sein vielfältiges Angebot reicht von Märchen, Theateraufführungen und Konzerten bis zu Kursen, Ausstellungen und Gesprächen zu verschiedenen Themen. Unter seinem Dach finden sich auch zwölf soziale Institutionen wie die Mütter- und Väterberatung und die Jugendjobbörse.

TIPP: Lust auf ein reichhaltiges vegetarisches Buffet? Am Bahnhofplatz 10 gibt es ein kinderfreundliches Tibits-Restaurant (www.tibits.ch).

Adresse Bahnhofplatz 2, 3011 Bern, Tel. 031/3288700, www.begh.ch // ÖV sämtliche Busse und Trams, unweit des Bahnhofs gelegen // Öffnungszeiten aktuelle Öffnungszeiten siehe Website // für jedes Alter

36_DER GLASBRUNNEN

Ein legendenumwobener Ort im Bremgartenwald

Um den Glasbrunnen ranken sich viele Geschichten. Er liegt mitten im Bremgartenwald, und man erreicht ihn zu Fuss vom Spielplatz Halen in der Länggasse aus. Zu Beginn des Spaziergangs dröhnt der Verkehr auf der nahen Autobahn, doch je weiter man in den Wald hineingeht, desto grüner und ruhiger wird es. Herrliche Plätze zum Spielen warten am Wegesrand, viele Feuerstellen und sogar ein Waldsofa.

Nach gut 20 Minuten Fussmarsch kommt man zum Glasbrunnen, der auf einer kleinen Lichtung in einer Senke steht. Für viele Menschen ist er ein Kraftort. Denn das Quellwasser, das in einem dicken Strahl aus einer Metallröhre in ein rechteckiges Steinbecken sprudelt, soll besonders energiespendend sein. Deshalb pilgern Einheimische und Gäste regelmässig hierher, um ihre Trinkflaschen aufzufüllen. Auch wenn man nicht deswegen angereist ist, bietet der Ort viel. Die Umgebung mit dem Bächlein und den Bänken lädt zum entspannten Spielen und Picknicken ein.

Und wenn man dasitzt und die frische Waldluft atmet, hat man Zeit für eine der vielen Geschichten, die sich um den Glasbrunnen ranken. Jene von Magdalena vielleicht, der schönen Tochter des Ritters Nägeli. Drei Schultheissen nacheinander sollen sich in sie verliebt und sie geheiratet haben. Es sei das Wasser aus dem Glasbrunnen gewesen, das ihr die Anziehungskraft verliehen habe. In Vollmondnächten soll man Magdalena noch heute sehen, wie sie die drei Hochzeitsbecher am Brunnen wäscht.

TIPP: Die Wanderung vom Glasbrunnen zum Campingplatz Eymatt in der Nähe des Wohlensees lohnt sich. Von dort kann man mit dem Bus zurück nach Bern fahren. Ausserdem gibt es im Bremgartenwald unzählige schöne Spazierwege.

Adresse Bremgartenwald, 3012 Bern // **ÖV** Bus 12, Haltestelle Länggasse, von dort circa fünf Minuten zum Spielplatz Halen, dann in den Wald hinein und circa 20 Minuten weitergehen // für jedes Alter

37_DER GLOCKENSTUHL

Historische Glocken zum Ausprobieren

Kirchenglocken kann man in der Regel nicht berühren. Und schon gar nicht mit einem Klöppel anschlagen. Doch im Park des Bernischen Historischen Museums ist dies möglich. Neben dem Gebäude befindet sich nämlich ein Glockenstuhl. Das ist ein Gerüst aus Holz, an dem die Glocken aufgehängt sind. Zwölf Glocken unterschiedlicher Grösse sind hier auf zwei Seiten befestigt, von der Hausglocke über die Schul- und Sturmglocke bis zur mächtigen Kirchenglocke. Sie stammen aus dem 15. bis 17. Jahrhundert und hingen einst in verschiedenen Kirchen und Gebäuden in der Stadt und im Kanton Bern.

Auf jeder Seite des Glockenstuhls ist ein Klöppel, also ein Schläger, angebracht. Damit darf man die Glocken vorsichtig zum Klingen bringen. Wie unterschiedlich sie tönen! Hoch, tief, dumpf, hell, laut und leise. Es ist spannend, sämtliche zwölf Klänge auszuprobieren. All diese Glocken hatten einst eine grosse Bedeutung.

Früher besassen die Menschen noch keine Handys und Armbanduhren. Deshalb hörten sie auf das Schlagen der Kirchenglocken. Auf diese Weise wurden sie über den Tagesablauf und spezielle Ereignisse informiert. Denn die Glocken läuteten bei Gottesdiensten, Beerdigungen und an Festtagen, aber auch wenn Gefahr drohte. So erklangen sie zum Beispiel bei einem Brand, einem Kriegsangriff oder einem Unwetter.

TIPP: Neben dem Glockenstuhl gibt es eine Brätlistelle mit Bänken und Tischen. Auch im übrigen Museumspark darf man picknicken.

Adresse Bernisches Historisches Museum, Helvetiaplatz 5, 3005 Bern, Tel. 031/3507711, www.bhm.ch // ÖV Trams 6, 7 und 8 oder Bus 19, Haltestelle Helvetiaplatz // Öffnungszeiten Di–So 10–17 Uhr // ab 3 Jahre

1671

38_DER GLOCKENTURM

Musik zur vollen Stunde

Dass ein Glockenturm die Stunde schlägt, ist nichts Neues. Dass er Lieder und Melodien spielt, ist aber etwas Besonderes. Zu sehen gibt es diese Attraktion in der Wohnsiedlung Tscharnergut. Der über 30 Meter hohe Glockenturm steht im Brunnen auf dem Dorfplatz. Er ist mit 18 Bronzeglocken, einer goldenen Kugel und einem goldenen Stern auf seiner Spitze ausgestattet. Kurz vor der vollen Stunde werden die Glocken mit einem Impuls angeschlagen. Dann ertönt eine zur Jahreszeit passende Melodie, im Frühling etwa «Alle Vögel sind schon da» und im Advent «Stille Nacht».

Als die Wohnsiedlung Tscharnergut 1965 fertiggestellt wurde, hatte einer der Architekten, die den Wettbewerb gewonnen hatten, eine Idee. Der junge Mann mit holländischen Wurzeln wollte der Quartierbevölkerung ein Glockenspiel schenken, wie man es in seiner Heimat kannte. Gemeinsam mit den ausführenden Architekten und Bauunternehmen setzte man die Idee um. Seither ist der Glockenturm ein Wahrzeichen des Tscharnerguts.

Die ersten Melodien wurden auf Lochkarten gestanzt. Weil aber niemand mit der Technik des Glockenspiels vertraut war, kam es zu Pannen. 1975 brachte der Uhrmacher Ernst Wermuth das Glockenspiel wieder zum Klingen. Jahrzehntelang wechselte er alle zwei, drei Wochen die Melodien aus. Später übernahm seine Tochter die Aufgabe. 2022 wurde das beliebte Glockenspiel saniert und digitalisiert. So verzaubert es die Menschen weiterhin vom Morgen bis zum Abend mit seinen stündlichen Melodien.

Adresse Dorfplatz Tscharnergut, 3027 Bern, www.tscharni.ch // **ÖV** Tram 8, Haltestelle Tscharnergut; S51, Haltestelle Bümpliz Nord // **Öffnungszeiten** nur an Werktagen und tagsüber in Betrieb // ab 2 Jahre

TIPP: Unweit des Glockenturms befinden sich ein Spielplatz und ein Gehege mit Ziegen, Hühnern und Kaninchen.

39_DAS GUCKFENSTER

Freie Sicht in die Werkstatt des Antikschreiners

Sommers, wenn es heiss war und der Antikschreiner Daniel Gerber die Tür zu seiner Werkstatt an der Rathausgasse offen liess, blieben die Kinder oftmals stehen. Sie mochten es, ihm bei der Arbeit zuzuschauen, beim Sägen, Hobeln, Schrauben, Leimen und Schleifen. Manchmal fragten sie etwas, manchmal staunten sie nur. Schade eigentlich, dass dies im Winter nicht möglich ist, dachte der Antikschreiner. Und hatte eine Idee.

Er versah die dunkelgrüne Holztür mit einem Guckfenster auf Kinderaugenhöhe. Auf dessen Sims setzte er eine kleine geschnitzte Bärenfigur, die ihm jemand geschenkt hatte. Seither haben die Kinder zu jeder Jahreszeit freie Sicht in die spezielle Werkstatt, in der Daniel Gerber alten Möbeln neues Leben einhaucht.

Es gibt hier aber noch mehr zu entdecken als den Antikschreiner bei seiner Arbeit. Zum Beispiel das Modell einer Doppelwendeltreppe mit zwei Treppenauf- und -abgängen, das in der Werkstatt steht. Und die beiden grossen Schuhe im Schaufenster. Sie thronen links und rechts ganz oben und sind Funde von einem Flohmarkt. Der grössere davon, er steht rechts, hat die Schuhgrösse 77. Ob er einst einem Riesen gehörte? Wie auch immer – der Antikschreiner ist von früh bis spät in der Werkstatt und restauriert für seine Kunden antike Tische, Stühle und Vitrinen. Es gibt also fast immer etwas zu sehen, wenn man vorbeispaziert.

TIPP: In der Nähe der Antikschreinerei, an der Rathausgasse 20, liegt das Schlachthaus Theater Bern. Nebst Bühnenstücken für ein junges Publikum gibt es hier auch je einen Theaterclub für Kinder und Jugendliche (www.schlachthaus.ch).

Adresse Rathausgasse 12, 3011 Bern, Tel. 031/3118122, www.gerberantik.ch // ÖV Bus 12, Haltestelle Nydegg // ab 3 Jahre

40_DAS HISTORISCHE MUSEUM

Rätselabenteuer von Ägyptern, Römern und Rittern

Dieses Museum ist so herrlich verwinkelt, dass man sich glatt verlaufen könnte. Deshalb verlangt man an der Kasse am besten gleich einen Faltplan «Rätselabenteuer». Er eignet sich für Kinder ab sieben Jahren, und es gibt ihn in mehreren Ausführungen: «Von Rittern und Einhörnern» führt durch das Untergeschoss und das untere Zwischengeschoss, «Würfel, Gold und Käfer» durch das Erdgeschoss, das obere Zwischengeschoss und das erste Obergeschoss. Mit dem Plan in der Hand beginnt die abenteuerliche Reise durch die Steinzeit bis in die Neuzeit und durch die Welt der Ägypter, Römer und Ritter.

Das erste Rätselabenteuer bringt einen unter anderem zu zwei riesigen Füssen, Helmen von Kreuzrittern und einem Skelett. Das zweite zu verzierten Särgen aus dem alten Ägypten, dem Modell eines Pfahlbaudorfes und einem Spieltisch aus der Römerzeit. Auf dem Faltplan sieht man lustig gezeichnete Gegenstände, die es im Museum zu suchen gilt. Neben ihnen stehen farbige Holzschilder, die sich aufklappen lassen und Hinweise preisgeben.

Jeden Sonntag hält das Museum etwas Besonderes bereit: ein offenes Familienatelier zu wechselnden Themen. Da wird gezeichnet, gebastelt und gerätselt. Im Sommer, wenn das Atelier im Park steht, wird auch mal Getreide gemahlen oder ein Feuer entfacht. Am Ende des Museumsbesuchs sollte man unbedingt noch das Türmchen besteigen. Man erreicht es vom zweiten Obergeschoss aus, wo eine Wendeltreppe emporführt, und es bietet eine herrliche Aussicht auf die Stadt.

Adresse Helvetiaplatz 5, 3005 Bern, Tel. 031/3507711, www.bhm.ch // **ÖV** Trams 6, 7 und 8 oder Bus 19, Haltestelle Helvetiaplatz // **Öffnungszeiten** Di–So 10–17 Uhr // ab 7 Jahre

TIPP: Im zweiten Obergeschoss befindet sich das Einstein Museum, eine Ausstellung über den berühmten Physiker.

41_DER HOF MÄRCHLIGEN

Stallvisite und Erlebnispädagogik

Auf dem Hof Märchligen darf man Stallvisiten machen. Das heisst: zu den angegebenen Zeiten über den Hof spazieren und beobachten, was vor sich geht. Auf der Weide grasen Kühe, Stiere, Kälber, graue Bergziegen und Pferde. Winters findet man die Tiere mehrheitlich im Stall. Etwas versteckt entdeckt man zwei Minipigs, weiter auf dem Rundgang stösst man auf Kaninchen und Hühner. Vielleicht läuft einem der kleine Hofhund über den Weg oder eine der vielen Katzen.

Nach Lust und Laune darf man sich dorthin begeben, wo die Türen offen stehen. Die Tiere zu füttern ist aber nicht erlaubt. Wenn man zwischen 16 und 18 Uhr kommt, kann man zuschauen, wie die Kühe gemolken werden. Ein andermal rattert vielleicht ein Traktor vorbei. Oder der Klauenstand ist aufgebaut, wo die Klauen der Kühe gepflegt werden. Stallvisiten bieten einen wunderbaren Einblick in das Leben auf einem Bauernhof. Und am Schluss kann man sich im Hofladen eine feine Glace kaufen.

TIPP: Jeden Donnerstag stellt ein Bäcker im alten Hof-Waschhaus feines Urdinkelbrot her, das er zwischen 14 und 16 Uhr verkauft. Zu dieser Zeit gibt es auch eine Kaffeestube.

Auf Anmeldung bieten Simone Barth und Walter Lüthi, die den Hof Märchligen bewirtschaften, Führungen an. Nebst normalen Rundgängen leitet die ausgebildete Erlebnispädagogin auch Kurse. Sie zeigt zum Beispiel, worauf man achten muss, wenn man die Sprache der Tiere verstehen will. Auch Erlebnisse mit allen Sinnen sind möglich: Wie fühlt sich das Fell eines Tieres an? Oder wie ist es, durch ein Weizenfeld zu gehen und die Hände über die Ähren streifen zu lassen? «Bei uns kann man Natur und Tiere in einem sicheren Umfeld erleben», sagt Simone Barth.

Adresse Vordermärchligenweg 34, 3112 Allmendingen bei Bern, www.maerchligen.ch // **ÖV** Bus 40, Haltestelle Allmendingen b. Bern Garten-C., von dort circa zehn Minuten zu Fuss // **Anfahrt** via Muri Richtung Allmendingen b. Bern, kurz vor Allmendingen rechts auf dem Parkplatz des Gartencenters/Supermarkts parken, von dort circa zehn Minuten zu Fuss // **Öffnungszeiten** Stallvisite täglich 14–18 Uhr, Führungen auf Anfrage // für jedes Alter

42_DIE JUNGE BÜHNE BERN

Theaterclubs für Kinder und Jugendliche

Eigentlich ist ja schon der Ort theaterreif. Die Junge Bühne Bern befindet sich im obersten Stock des ostseitigen Pfeilers der Monbijoubrücke. Ab und zu rumpelt es ein bisschen, wenn ein Lastwagen über die Brücke rollt. Doch das stört niemanden, denn hier wird mit viel Herzblut Theater gespielt. Die Junge Bühne Bern bietet Theaterclubs für Kinder, Jugendliche und junge Erwachsene.

In der Gruppe U10 treffen sich Kinder von sieben bis zehn Jahren einmal pro Woche. Dabei geht es nicht um das Auswendiglernen von Texten, sondern um das gemeinsame Erarbeiten und Proben eines Stücks. Bei dieser jüngsten Gruppe steht am Anfang oft eine Geschichte. Die Kinder dürfen ihre Ideen einbringen, die Figuren mitgestalten und entscheiden, welche Rolle sie übernehmen möchten. Bei den grösseren Kindern sucht die Gruppe nach einem geeigneten Thema, zum Beispiel Freundschaft, Mobbing, Liebe oder was sie sonst gerade beschäftigt. Interessierte Kinder dürfen gern zweimal schnuppern, bevor sie beschliessen, mitzumachen.

Nach rund neun Monaten Arbeit wird das Stück an vier bis fünf Vorstellungen für die Öffentlichkeit und für Schulklassen aufgeführt. Geleitet werden die Kurse von professionellen Theaterpädagoginnen, Schauspielern, Tänzerinnen und Choreografen. Die Junge Bühne Bern besteht seit dem Jahr 2006. Christoph Hebing und Eva Kirchberg begannen mit dem Kinder- und Jugend-Theater «La Cascade». Später gründeten die beiden die Junge Bühne Bern in ihrer heutigen Form und zogen damit in den Brückenpfeiler.

Adresse Brückenpfeiler, Dalmaziquai 69, 3011 Bern, 031/9527414, www.junge-buehne-bern.ch // **ÖV** Bus 19, Haltestelle Tillierstrasse, von dort circa fünf Minuten Fussweg, für den letzten Abschnitt Treppe am Brückenpfeiler der Monbijoubrücke runter // ab 7 Jahre

TIPP: Im Angebot U-FO der Jungen Bühne Bern wird's noch professioneller: Einmal im Jahr werden interessierte Kinder und Jugendliche für ein Theaterprojekt gecastet.

43_DER KATER FERDINAND

Streicheln, bis sein Fell golden wird

Da steht er, der stolze Kater. Ferdinand ist die Hauptfigur eines berühmten Berner Chansons. Und obwohl sein Schöpfer, der Liedermacher Mani Matter, schon lange nicht mehr lebt, sind dessen Lieder in aller Berner Munde. Er sang etwa von einem Coiffeurbesuch, einem Alpenflug und eben von diesem Kater: «Dr Ferdinand isch gschtorbe, oje oje oje, dr Ferdinand isch gschtorbe, es tuet mer hüt no weh.»

Im Lied war der Kater zu Lebzeiten weniger am Mäusefangen, sondern viel mehr an Katzendamen interessiert. Er liess seinen Minnegesang laut ertönen, bis Herr Brändli zu einem Nachttopf griff und Ferdinands Leben ein Ende setzte. Doch der Kater ist zum Glück wiederauferstanden! Der Künstler Adrian Scheidegger hat ihn in Bronze gegossen und auf das Mäuerchen am Mani-Matter-Platz gesetzt. Und es steckt ein Zauber in diesem Kunstwerk: Je mehr Hände den Kater streicheln, umso mehr nützt sich die Bronze ab und umso goldener wird Ferdinands Fell.

Adrian Scheidegger hat in Zusammenarbeit mit Sofies Kommunikationsdesign einen Wettbewerb gewonnen. Es ging um die künstlerische Signalisation des Fusswegs von der Tramstation zur Talstation der Gurtenbahn. Nebst Ferdinand wurde der Weg mit einem Puffer, einer Weiche, einem Poetenpanorama und einem Zahnrad bereichert. Die knuddeligste Signalisation ist zweifelsohne Ferdinand. Doch er ist ein stolzer Kater, und deshalb dreht er sich absichtlich weg vom Geschehen und blickt zur Felswand. Egal, er mag es trotzdem, wenn man ihn streichelt.

TIPP: Auf dem Weg zurück zum Tram kann man im bunten Kulturlokal «Heitere Fahne» einkehren (www.dieheiterefahne.ch).

Adresse Mani-Matter-Platz, 3084 Wabern // **ÖV** Tram 9A, Haltestelle Gurtenbahn; S3, Haltestelle Wabern bei Bern // für jedes Alter

44_DIE KA-WE-DE

Die Kunsteisbahn am Waldrand

Besucht man winters den Dählhölzliwald oder den Tierpark, hört man immer mal wieder fröhliches Rufen sowie kratzende und klopfende Geräusche. Das hat mit der angrenzenden Kunsteisbahn Ka-We-De zu tun. Dort werden Runden und Pirouetten auf dem Eis gedreht und Pucks in die Tore oder manchmal auch an die Seitenwände gespielt. Der Name Ka-We-De steht für «Kunsteisbahn und Wellenbad Dählhölzli».

Die Anlage besteht aus drei Feldern: dem Publikumsfeld, dem Eishockeyfeld und dem fürs Eisstockschiessen. Für kleinere Kinder gibt es lustige Figuren wie Pinguine, Bären und Clowns mit Griffen, an denen sie sich festhalten und so erste Erfahrungen auf dem Eis machen können. Diese Eishilfen sowie Schlittschuhe in vielen Grössen können vor Ort gemietet werden. Wer einen sanften Einstieg ins Eishockeyspiel sucht, findet ihn in einem abgesperrten Bereich des Publikumsfelds. Hier darf man bis 17 Uhr mit Softpucks spielen. Und wer das Eislaufen von Grund auf erlernen möchte, kann einen Kurs des Schlittschuhclubs Bern besuchen, der auch Angebote für Kinder bereithält.

Die Ka-We-De wurde in den 1930er Jahren als erste kombinierte Kunsteis- und Wassersportanlage in Bern gebaut. Unter dem Motto «Licht, Luft und Bewegung» schufen die Architekten Rudolf von Sinner und Hans Beyeler diesen damals pionierhaften Neubau. Heute ist die Ka-We-De im Inventar der Denkmalpflege als schützenswertes Gebäude vermerkt.

Adresse Jubiläumsstrasse 101, 3005 Bern, Tel. 031/3510175, www.sportamt-bern.ch/sportanlage/ka-we-de // **ÖV** Bus 19, Haltestelle Ka-We-De // **Öffnungszeiten** Mo–Do 9–21 Uhr, Fr und Sa 9–21.45 Uhr, So 9–18.30 Uhr // ab 3 Jahre

TIPP: Im Sommer ist die Ka-We-De ein beliebtes Freibad, das insbesondere mit seinem einmaligen Wellenbad punktet.

45_DAS KINDERKINO REXKIDS

Erlesene Filme für die Kleinen

Filme zu Hause zu gucken ist etwas Gemütliches. Aber es kommt niemals an das Erlebnis eines Kinobesuchs heran. Wie gross die Leinwand hier doch ist! Und wie herrlich, wenn andere Kinder beim Film mitlachen und mitfiebern. Ein tolles Angebot an Kinderfilmen findet man im Programm- und Arthouse-Kino REX Bern. Hier, im REXkids, werden am Mittwoch und am Samstag um 14 Uhr Filme für die Kleinen gezeigt. Das Angebot richtet sich an Kinder von sechs bis zehn Jahren.

Die Filme werden in Zusammenarbeit mit dem Chinderbuechlade Bern sorgfältig ausgewählt. So will man dem jungen Publikum eine möglichst facettenreiche Film- und Kinokultur vermitteln. Das Programm reicht von Kinderbuchklassikern Astrid Lindgrens und Michael Endes über Zeichentrickfilme wie Petterson und Findus bis hin zu neusten Animationsfilmen und aktuellen Arthouse-Produktionen aus aller Welt.

Das Kino REX wird vom Trägerverein Cinéville betrieben. Dieser übernahm 2003 den Betrieb des «Kino Kunstmuseum», das für eine Programmphilosophie abseits des Mainstreams bekannt war. Diese Philosophie wird seit 2015 im Kino REX weitergeführt. Der Verein renovierte das Kino sorgfältig, stellte das Foyer mit der Bar im originalen Stil der 50er Jahre wieder her und baute zwei Säle. Der untere Saal, in dem auch ein Klavier zur Begleitung von Stummfilmen steht, bietet Platz für 100 Zuschauer, der obere für 56. Eine ideale Grösse, um Kinder in die magische Welt des Kinos einzuführen.

> TIPP: Neben dem Kino, in Richtung Kleine Schanze, steht der Schwanenbrunnen.

Adresse Kino REX, Schwanengasse 9, 3011 Bern, Tel. 031/3117575, www.rexbern.ch // **ÖV** unweit des Bahnhofs gelegen // **Öffnungszeiten** REXkids: Mi und Sa 14 Uhr // 6–10 Jahre

46_DIE KINDERKLEIDER-BÖRSE ENCORE

Top-Auswahl an Kleidern und Schuhen für wenig Geld

Am Anfang stand der Wunsch nach einem festlichen Kinderkleid. Carissa Clark suchte es für ihre kleine Tochter. Sie wollte nicht übermässig viel Geld dafür ausgeben und merkte, wie schwierig es war, etwas Günstiges und dennoch Schönes zu bekommen. Schlussendlich wurde die gebürtige Engländerin in einem Secondhand-Onlineshop fündig. Als sich die gelernte Fotografin 2014 beruflich verändern wollte, kam ihr die Idee, eine Kinderkleiderbörse ins Leben zu rufen. Sie fand es sinnvoll, mit einem nachhaltigen Projekt dazu beizutragen, den Kindern unsere Welt zu bewahren.

Heute sind zwölf Mitarbeiterinnen aus verschiedenen Nationen im «Encore» tätig. Sie erlesen die Kleider sorgfältig, bügeln sie und sortieren sie nach Grösse und Geschlecht. Auch Schuhe gibt es, Umstandskleider, Velohelme, Reitzubehör und Spielsachen. Die Preise beziehen sich auf den Neuwert und den Zustand der Ware. Im Januar gibt es zwei Annahmewochen für Sommerkleidung, im Juli für Winterkleidung. Dann können Hosen, Pullis, Jacken, Schuhe und vieles mehr von Grösse 44 bis 158 abgegeben werden. Am Saisonende findet ein Ausverkauf statt, die restlichen Stücke werden an Hilfswerke gespendet.

Die Auswahl im «Encore» ist gross und ansprechend. In einer umzäunten Spielecke können sich die Kinder beschäftigen, während ihre Eltern auf Kleidersuche sind. Und so gehen am Schluss alle zufrieden nach Hause.

TIPP: Geht man weiter zum Waisenhausplatz, liegt schräg gegenüber die Bäckerei Glatz, wo man die stadtbekannten Mandelbärli kaufen kann (www.glatz-bern.ch).

Adresse Aarbergergasse 5 (Untergeschoss), 3011 Bern, Tel. 077/5296231, www.encore-kinderkleiderboerse.com // **ÖV** vom Bahnhof fünf Minuten Fussweg // **Öffnungszeiten** Mo – Fr 9 – 18.30 Uhr, Sa 9 – 17 Uhr // für jedes Alter

47_DER KINDERPROGR

Mit einer Rätsel-Audiotour durch das Atelierhaus

Kindergelächter, mehrstimmig. Man kann nicht anders, als selbst zu schmunzeln, wenn man zur Kicherkiste kommt. Sie ist eine von zwölf Stationen auf der Audiotour «Einmal Äffli und zurück», auf der Kinder durch den PROGR geleitet werden. Mit Hilfe einer Entdeckungskarte, die beim Büro der Stiftung PROGR im EG Ost erhältlich ist, gelangt man zu den Stationen mit den QR-Codes. Nun heisst es: mit dem Handy den Code einscannen, den Audios zuhören und auf der Karte die Rätsel lösen. Mit etwas Geschick findet man am Schluss heraus, wo das PROGR-Äffli zu Hause ist.

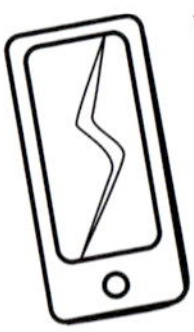

Es waren Audiokünstler, Literaturschaffende und Kulturvermittlerinnen, die diese Rätseltour gemeinsam mit einer Gruppe von Kindern erarbeiteten. Mit der Frage «Welche Geräusche und Geschichten verbergen sich im PROGR?» erforschten sie das Gebäude und nahmen Geräusche und ihre eigenen Stimmen auf. Die Kinder erzählen, was sie sehen, stellen Fragen und führen Dialoge. Die Audiotour eignet sich für Kinder ab dem Schulalter und dauert etwa 75 Minuten.

Der PROGR, der einst ein Schulhaus war, ist heute ein Atelier- und Kulturzentrum. Regelmässig finden hier öffentliche Konzerte und Ausstellungen statt. In rund 70 Ateliers arbeiten mehr als 200 Kulturschaffende aus sämtlichen Sparten. Unter anderem sind auch die Kultessen hier tätig, ein Frauennetzwerk, das seit fast 20 Jahren Kultur- und Bildungsprojekte realisiert. 2011 riefen die Kultessen den Kinderprogr ins Leben. Seither werden halbjährlich Kinderworkshops mit Kunstschaffenden veranstaltet.

TIPP: Im Café der ehemaligen Turnhalle kann man sich nach dem Rundgang eine Pause gönnen. An der Decke hängen Ringe, und im unteren Stock ist die Sprossenwand von früher zu sehen. Auch im «Lehrerzimmer» gibt es Getränke und Kuchen.

Adresse Waisenhausplatz 30, 3011 Bern, www.kinderprogr.ch // ÖV Bus 12, Trams 6, 7, 8, 9, Haltestelle Bärenplatz; fünf bis zehn Minuten zu Fuss vom Bahnhof // Öffnungszeiten Mo–Fr 8–18 Uhr, Sa 10–16 Uhr // ab 6 Jahre

48_DIE KINDER-UNIVERSITÄT

Ein spannender Einblick in die Welt der Forschung

Was können wir von Skeletten erfahren? Wie funktioniert unser Gehirn? Und was verraten Steine über die Geschichte der Menschheit? Solchen Fragen können Kinder von acht bis zwölf Jahren an der Kinderuniversität auf den Grund gehen. Dozierende der Universität Bern vermitteln ihnen in verständlicher Sprache Wissen aus ihrem Fachgebiet. Die 45-minütigen Vorlesungen für jeweils 80 Kinder finden an sechs Freitagen pro Jahr statt. In anschliessenden Begleitveranstaltungen, zu denen 25 Kinder zugelassen sind, werden die Informationen mit praktischen Übungen vertieft.

Die Themen sind vielfältig und kommen aus allen Studienrichtungen der Universität Bern. Dabei erfahren die Kinder stets auch Interessantes aus der aktuellen Forschung. Bei einer der Vorlesungen sprachen Dozierende der Zahnmedizinischen Klinik zum Beispiel über Zähne, die nachwachsen können. Bis es so weit ist, müssen unsere Zähne aber weiterhin repariert werden. Die Kinder durften in der Begleitveranstaltung selbst ausprobieren, wie das gemacht wird. Sie arbeiteten an denselben Zahnmodellen wie die erwachsenen Studierenden.

Somit erhalten die Kinder auf anschauliche Art Einblick in die Welt der Wissenschaft. Eine Welt, die sonst nur Studierenden und Mitarbeitenden der Universität vorbehalten ist. Anmelden kann man sich für einzelne oder mehrere Veranstaltungen. An den Begleitprogrammen dürfen nur Kinder teilnehmen, die am Vortag die Vorlesung besucht haben. Die Vorlesungen können aber auch ohne Begleitprogramm besucht werden.

TIPP: Direkt vor dem Hauptgebäude der Universität befindet sich die Parkanlage Grosse Schanze mit einer weitläufigen Wiese und einem Parkcafé.

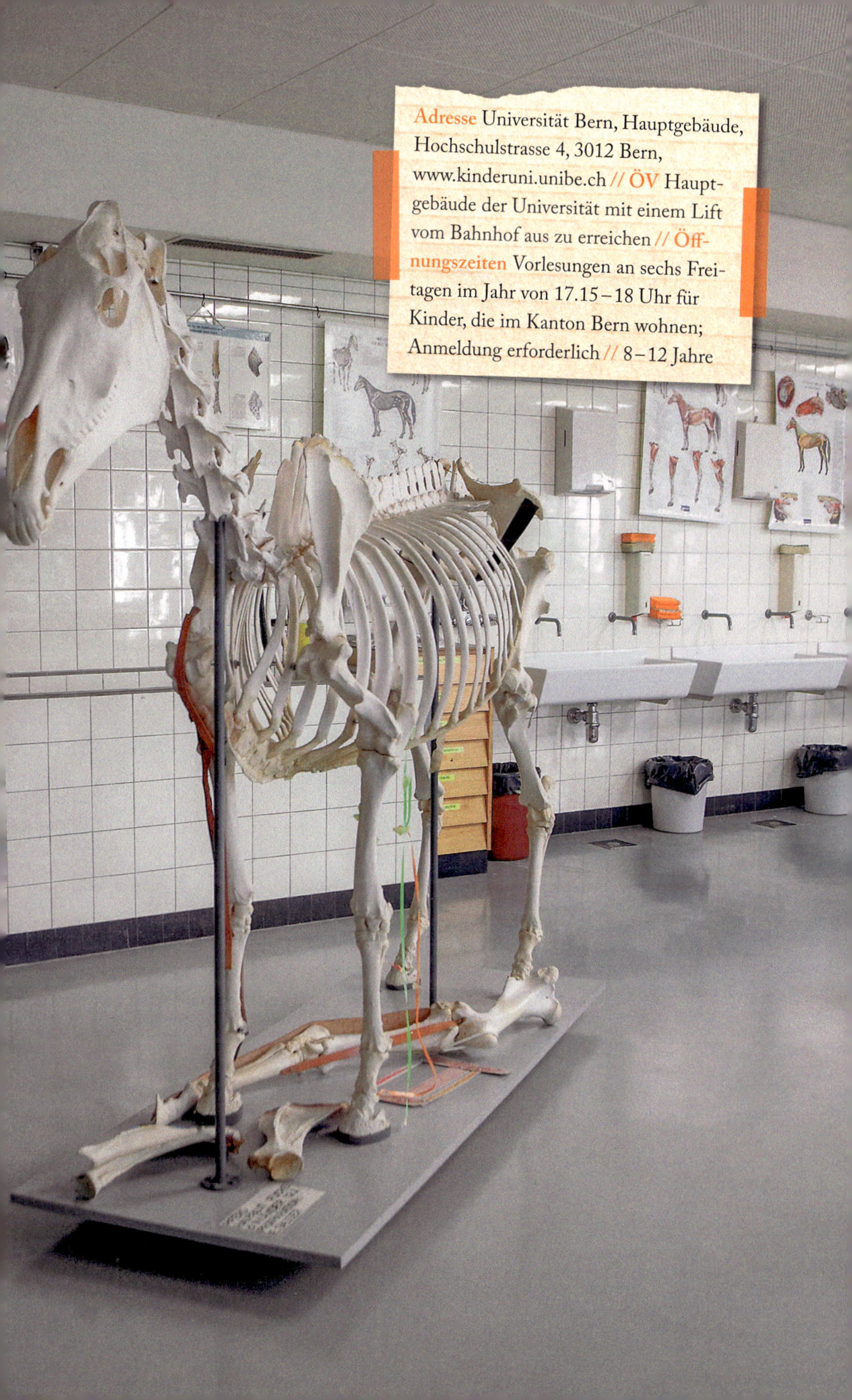

Adresse Universität Bern, Hauptgebäude, Hochschulstrasse 4, 3012 Bern, www.kinderuni.unibe.ch // **ÖV** Hauptgebäude der Universität mit einem Lift vom Bahnhof aus zu erreichen // **Öffnungszeiten** Vorlesungen an sechs Freitagen im Jahr von 17.15 – 18 Uhr für Kinder, die im Kanton Bern wohnen; Anmeldung erforderlich // 8 – 12 Jahre

49_DIE KLANGBRÜCKE

Eine Brücke mit versteckten Tönen

Eine Brücke kann spannend sein, wenn sie besonders imposant in der Landschaft steht, schwindelerregend hoch ist oder ziemlich wackelig. Diese hier ist nichts von alldem. Im Gegenteil, man muss sie zuerst einmal suchen. Sie liegt nämlich verborgen hinter dem kleinen Lorrainepark zwischen den Gebäuden der Gewerblich-Industriellen Berufsschule GIBB. Auf den ersten Blick sieht die Stahlkonstruktion nicht unbedingt spektakulär aus. Doch es handelt sich um eine sehr spezielle Brücke: eine klingende.

Wenn man sie überquert, bemerkt man an- und abschwellende Klänge. Sie sind an unterschiedlichen Orten auf der Brücke auszumachen, sodass man beim Weitergehen hört, wie sie ineinanderfliessen. Die Klänge sind gut wahrnehmbar, aber nicht laut. Meditativ könnte man sie nennen. Die Lautsprecher, die sie verströmen, sind versteckt im Boden der Brücke eingelassen. Und so findet man nicht heraus, woher die geheimnisvollen Klänge genau kommen. Nur eines stellt man fest: Sie vermischen sich mit den anderen Geräuschen der Stadt, denen von Autos und Motorrädern, den Stimmen der Passanten und Berufsschüler, den Rufen der Kinder auf dem nahen Spielplatz.

Es ist wie ein kurzer Moment in einer anderen Welt, in den man auf der Klangbrücke eintaucht. Erschaffen wurde das Werk mit dem Namen «Suspended Sound Line» 1999 durch den amerikanischen Musiker und Klangkünstler Max Neuhaus.

Adresse Lorrainestrasse, zwischen den Gebäuden der Berufsfachschule Bern GIBB gleich hinter dem Lorrainepark, 3013 Bern // ÖV Bus 20, Haltestelle Gewerbeschule, von dort fünf Minuten Fussweg // für jedes Alter

TIPP: Im Lorrainepark gleich nebenan gibt es einen kleinen Spielplatz mit Urban Gardening und Bänken zum Picknicken.

50_DIE KLETTERWELT

Kurzweiliges Einkaufen bei Transa

Einkaufen ist nicht unbedingt das, was Kinder am liebsten tun. Hier und dort findet man in Shoppingzentren eine Rutschbahn, um den Bummel etwas attraktiver zu gestalten. Richtig spannend wird es aber im traditionellen Outdoorgeschäft Transa in der Filiale Markthalle. Dort gibt es ein Kletternetz, an dem Kinder ein ganzes Stockwerk überwinden können.

Als Transa 2019 von der Aarbergergasse in die Berner Markthalle zog und die Kinderabteilung ausbaute, kam die Idee auf, eine kindgerechte Beschäftigung zu integrieren. Diese sollte Raum für Kreatives bieten. Ein Spielplatzbauer wurde miteinbezogen, und so kam es, dass im ehemaligen Treppenhaus, das sich noch heute um den Lift herumwindet, eine Kletterwelt entstand. Viele unterschiedliche Netze ermöglichen den Aufstieg vom unteren ins obere Geschoss oder umgekehrt. Wer hoch hinauswill, kann bis zum Dachfenster hochklettern und rausgucken. Empfohlen wird dieses Abenteuer, das nicht betreut wird, für Kinder von drei bis zwölf Jahren.

Die Kleinsten können im untersten Bereich der Kletterwelt in einem «Nestli» aus Seilen unter Aufsicht ihrer Begleitpersonen erste Klettererfahrungen machen. Neben der Kletterwelt im Untergeschoss locken zudem das XL-Modell einer Cuboro-Kugelbahn und ein Zeichentisch. Und wer auch noch Outdoor-Ausrüstung für die Kinder braucht, wird hier garantiert fündig: Es gibt Velo- und Skizubehör, Schlafsäcke und Rucksäcke sowie Kleidung und Schuhe ab Baby- bis zum Jugendalter.

Adresse Bubenbergplatz 9, 3011 Bern, Tel. 0848/084811, www.transa.ch // **ÖV** unweit des Bahnhofs gelegen // **Öffnungszeiten** Mo, Di, Mi und Fr 10–19 Uhr, Do 10–20 Uhr, Sa 9–17 Uhr // ab 3 Jahre

TIPP: In der integrierten Café-Bar kann man sich bei einem Kaffee oder Sirup und einem kleinen Snack stärken.

51_DAS KLINGENDE MUSEUM

Wer entlockt der Drachenkopf-Posaune einen Ton?

Willkommen im Reich der Klänge. In diesem Museum sind 1.500 Blasinstrumente und Trommeln aus einer Zeitspanne von 300 Jahren ausgestellt. Bekanntes wie Saxophon und Waldhorn neben Überraschendem wie der Lure, einer alten nordländischen Naturtrompete. Beim Eintritt erhält man ein iPad mit Kopfhörern, mit dessen Hilfe man auf Erkundungstour gehen kann. Gern zeigen einem die Mitarbeitenden auch das Untergeschoss, wo an den Wänden Flöten hängen.

Das Museum wird seinem Namen gerecht: Mit einigen Instrumenten darf man tatsächlich selbst experimentieren. «Beim Ausprobieren werden die Instrumente erst richtig lebendig», sagt Adrian von Steiger, Musiker und Leiter des Museums. Und deshalb besichtigt man hier nicht nur ausgestellte Objekte und hört mit Kopfhörern zu. Man darf versuchen, ausgewählten Instrumenten Töne zu entlocken. Gelingt es einem, das Alphorn zum Klingen zu bringen? Oder die 200-jährige Posaune mit dem Drachenkopf?

Das Klingende Museum basiert auf der Sammlung des Blasinstrumentenbauers Karl Burri. Da in seinem Geschäft immer mehr alte Instrumente zusammenkamen, begann er, sie zu sammeln. Er eröffnete ein Museum in Zimmerwald, wo er die Instrumente präsentierte. Als er 2003 starb, führten seine Kinder sein Werk weiter. 2015 übernahm eine Stiftung die Instrumentensammlung. Fortan wurde sie im Klingenden Museum in Bern der Öffentlichkeit zugänglich gemacht. Zudem dürfen Studierende und Berufsmusiker die historischen Instrumente ausleihen und ausprobieren.

TIPP: Gleich vor dem Museum, mitten in der Kramgasse, befindet sich der Zähringerbrunnen. Auf seinem Sockel steht ein aufrechter Bär mit einem goldenen Helm.

Adresse Kramgasse 66,
3011 Bern, Tel. 031/3110137,
www.klingendes-museum-bern.ch //
ÖV Trams 6, 7, 8, 9, Busse 10, 12, 19, 30,
Haltestelle Zytglogge // **Öffnungszeiten**
Mi–So 14–17 Uhr // ab 6 Jahre

52_DAS KONSI

Singen, musizieren und Konzerte hören

Bereits im Mutterleib sind wir von Klängen umgeben. Und schon kleinste Kinder reagieren positiv auf Musik. Am Konsi Bern gibt es vielfältige Möglichkeiten, in die Welt der Klänge einzutauchen. Ab eineinhalb Jahren können Kinder gemeinsam mit ihren Begleitpersonen das Eltern-Kind-Singen besuchen. Auf spielerische Art wird mit Liedern, Versen und Geschichten die Freude an der Musik geweckt. Die Kleinen dürfen singen, klatschen, tanzen und altersgerechte Instrumente spielen. Und sie erfahren, dass Musik laut und leise sein kann, schnell und langsam, aus hohen und tiefen Tönen besteht. Die erlernten Lieder lassen sich bestens zu Hause singen.

Das Konsi, das mit vollem Namen «Musikschule Konservatorium Bern» heisst, wurde 1858 gegründet und ist eine der ältesten Musikschulen der Schweiz. Im Angebot sind Kurse für jedes Alter und jeden Musikgeschmack. Ab sechs Jahren können die Kinder in einem Chor singen, Instrumente im Einzelunterricht erlernen und in kleinen Orchestern spielen. In öffentlichen Musizierstunden tragen sie regelmässig vor, was sie eingeübt haben. Man darf daran teilhaben, sich im Grossen Saal hinsetzen und den Kindern zuhören. Dabei bekommt man vielleicht Lust, selbst ein Instrument zu erlernen. Die Musizierstunden finden mehrmals in der Woche statt, sind gratis und brauchen keine Anmeldung. Und schliesslich gibt es zweimal im Jahr ein Instrumentenkarussell, bei dem die Kinder an mehreren Samstagvormittagen die unterschiedlichsten Musikinstrumente kennenlernen können.

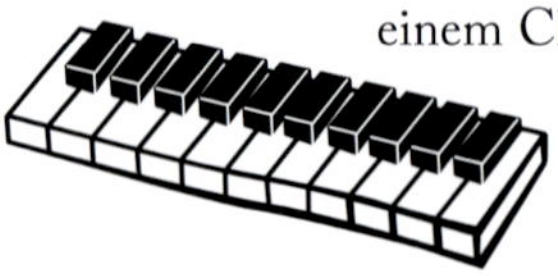

TIPP: Wer Lust auf ein Zvieri hat, findet schräg gegenüber eine kleine Filiale der Confiserie Eichenberger (www.confiserie-eichenberger.ch).

Adresse Kramgasse 36, 3011 Bern, Tel. 031/3265353, www.konsibern.ch // **ÖV** Bus 12, Haltestelle Zytglogge // **Öffnungszeiten** Mo – Sa, ausser während der Schulferien der Stadt Bern // ab 1,5 Jahre

53_DAS KRABBEL GYM

Eine Turnhalle für die Kleinsten

Die Kunstturnhalle, die etwas versteckt auf dem Gelände des Nationalen Pferdezentrums liegt, strahlt viel mehr Charme aus als eine gewöhnliche Turnhalle. Früher war sie ein Pferdestall, und wenn man genau hinschaut, kann man noch die alten Futterkrippen entdecken. Doch das Beste an dieser Halle: Jeden Sonntag dürfen hier Kinder im Alter von einem bis vier Jahren in Begleitung von Erwachsenen herumtollen.

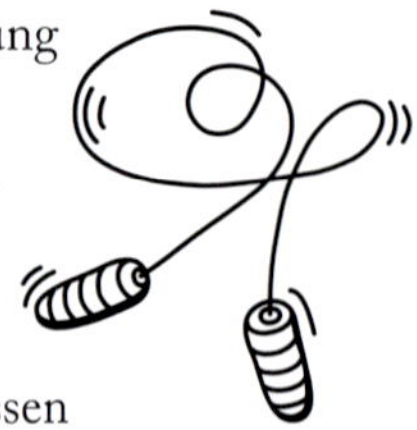

Was man da alles ausprobieren kann! Etwa mit Mamas oder Papas Hilfe über einen Schwebebalken balancieren und sich in einem «Gstältli» an den Ringen hochziehen. Schräge Matten hinunterrutschen, auf grossen Bällen hüpfen und auf dem Trampolin springen, an Tauen schaukeln, auf Reck und Barren steigen, an der Sprossenwand klettern und sich auf ein Pauschenpferd setzen. Der Boden ist an den meisten Orten mit dicken Matten ausgelegt. Durch die Altersbeschränkung gestaltet sich das Ganze entspannt und ungefährlich. Wer vom Turnen Hunger bekommt, kann im Aufenthaltsraum eine Pause einlegen und sich mit dem mitgebrachten Picknick stärken.

Unter der Woche trainieren hier im Kunstturnen begabte Kinder und Jugendliche. 2012 entstand die Idee, die professionell ausgestattete Halle auch für kleinere Kinder zugänglich zu machen. Die Krabbel-Gym-Stunden, bei denen stets erfahrene Trainer vor Ort sind, sollen die Lust an der Bewegung fördern und spielerische Erfahrungen ermöglichen. Dank der Unterstützung des Sportamts der Stadt Bern ist das Angebot gratis.

TIPP: Wenn man an den Gebäuden des Nationalen Pferdezentrums vorbeikommt, kann man vielleicht noch ein paar Pferde sehen.

Adresse Mingerstrasse 9, 3014 Bern, Tel. 079/7540906 (Reto Marthaler), www.btvbern.ch/kinderturnen // **ÖV** Tram 9, Haltestelle Guisanplatz Expo, von dort circa fünf Minuten Fussweg. // **Öffnungszeiten** So 9–11 und 14–16 Uhr, an Feiertagen und während der Schulferien der Stadt Bern geschlossen // 1–4 Jahre

54_DAS KROKODIL PONTI

Überraschender Gast im Schwellenmätteli

Moment. Ist das wirklich ein Krokodil? In der Tat, das ist das Holzkrokodil Ponti, das hier im Sand vor dem Restaurant Terrasse im Schwellenmätteli thront. Es ist über dreieinhalb Meter lang und sperrt sein imposantes Maul auf. Nebenan stürzt sich die Aare rauschend über eine breite Schwelle eine Stufe hinab.

Will man das Krokodil aus der Nähe bestaunen, überquert man einen Holzsteg und klettert in den Sand hinunter. Aber Vorsicht, zu Ponti sollte man Sorge tragen. Das Krokodil musste schon einiges über sich ergehen lassen. Im Sommer 2021 wurde es von einem Hochwasser mitgerissen. Man setzte einen Finderlohn aus, und glücklicherweise wurde ein Spaziergänger am Aareufer nahe Bremgarten auf das 200 Kilogramm schwere Reptil aufmerksam. Es wurde geborgen und, da es stark beschädigt war, in die Werkstatt seines Erschaffers gebracht.

Hansruedi Petri, der das Krokodil einst aus dem Stamm einer Linde gefertigt hatte, erneuerte in wochenlanger Arbeit Schwanz, Kiefer, Zähne und Augen. Auch einen frischen Anstrich verpasste er ihm. Im Frühjahr 2022 war es so weit, und Ponti konnte wieder an seinen Stammplatz im Schwellenmätteli gebracht werden. Das Krokodil wurde fest verankert und erfreut seither wieder die Spaziergänger. Im Restaurant Terrasse und in der Güggeli-Beiz gleich nebenan gibt es übrigens auch Kinderkarten. So lässt sich die Besichtigung von Ponti bestens mit einem Zvieri verbinden.

Adresse Schwellenmätteli Restaurants, Dalmaziquai 11, 3005 Bern, www.schwellenmaetteli.ch // **ÖV** Trams 6, 7 und 8 oder Bus 19, Haltestelle Helvetiaplatz, von dort circa fünf Minuten Fussweg zur Aare hinunter // für jedes Alter

TIPP: Vom Schwellenmätteli aus kann man in circa 15 Minuten an der Aare entlang bis zum BärenPark spazieren.

55_DIE KUGELBAHN

Hebeln und kurbeln auf dem Berner Hausberg Gurten

Wie kommt die Kugel bloss da rauf? Genau! Die Kette herunterkurbeln, die Kugel in die Schlaufe befördern und vorsichtig hochziehen. Nun rollt sie weiter auf ihrer Schiene bis zum nächsten Hindernis. Bei der Kugelbahn auf dem Gurten gilt es, eine der 15 Kugeln aus dem Behälter zu nehmen und durch die 300 Meter lange Bahn zu schleusen. Man muss sie in einem Wirrwarr von Stangen, Kurven, Riemen und Ketten im Auge behalten und ausprobieren, wie man sie weiterbefördern kann. Zum Beispiel durch

Drehen, Kurbeln, Pedalen und Hebeln. Das dauert fast eine Stunde und erfordert einiges an Geschick. Aber es macht Riesenspass!

Die Kugelbahn, die an eine überdimensionierte Tinguely-Maschine erinnert, wurde vom Künstler Stefan Grünenfelder erschaffen. Doch das ist nicht alles, was es auf dem Berner Hausberg zu entdecken gibt. Ein Highlight ist eine Fahrt mit der Kleineisenbahn. Im Gurtenseeli lässt es sich im Sommer wunderbar planschen, auf Knopfdruck sprudeln Wasserfontänen. Wer es ruhiger mag, bestaunt Blumen, Beeren und Gemüse im Gurtengärtli. Wer Action will, dreht eine Runde auf einem Kidscar oder traut sich auf die Rodelbahn. Und nicht zuletzt warten der Drache «Crealino» zum Reiten und das hölzerne «Gschtellasch» zum Klettern, Rutschen und Balancieren.

TIPP: Im Winter lässt es sich hier oben prima Schlitten fahren. Und es gibt sogar einen kleinen Skilift.

Bekommt man ob all dem herrlichen Tun Hunger und Durst, gibt es beim Kiosk Getränke und Snacks oder in den Restaurants im ehemaligen Kurhotel eine Auswahl an Menus. Ja, der Gurten ist ein wahres Paradies für Familien.

Adresse Gurten – Park im Grünen, 3084 Wabern, Tel. 031/9703333, www.gurtenpark.ch // **ÖV** Tram 9A, Haltestelle Gurtenbahn; S3, Haltestelle Wabern bei Bern, dann mit der Gurtenbahn hochfahren // ab 6 Jahre

56_DAS KUNSTMUSEUM

Zugänge zur Kunst für Kinder

Im Kunstmuseum sind schon die Kleinsten willkommen. «Erste Schritte im Museum» heisst das Angebot für Kinder ab einem Jahr und ihre erwachsenen Begleitpersonen. Auf spielerische Art und in ihrem eigenen Tempo werden die Kleinen in die Welt der Kunst eingeführt. Jedes Mal wartet eine andere Überraschung. Vielleicht liegen Plakate mit Kreisen am Boden, auf denen Klein und Gross frei weitermalen dürfen. Später geht es zu einem Bild im Museum. Ob die Kinder auch hier Kreise entdecken? Diese ersten Schritte im Museum sind ein lustvolles Erleben von Farben, Formen und Materialien.

Kinder ab drei Jahren und ihre Begleitpersonen dürfen beim «Kunstspatz» mitmachen. Der kecke kleine Vogel, der sich gern im Museum versteckt, hält immer eine Geschichte für die Kinder bereit. Er platziert sich jeweils vor einem Kunstwerk. Dort erzählt die professionelle Geschichtenerzählerin Sapperlotta von dessen Geheimnissen. Danach wird im Atelier gemeinsam gestaltet und experimentiert.

Ab sechs Jahren sind die Kinder ohne Eltern mit der «Artur Kinder-Kunst-Tour» unterwegs. Zusammen mit anderen Kindern erkunden sie Kunst im Museum oder draussen in der Stadt. Anschliessend setzen sie im Atelier ihre eigenen Ideen um und probieren verschiedene Materialien aus. Bei all diesen Angeboten geht es darum, Kindern ein Gefühl für Kunst zu vermitteln. Das Betrachten von Werken sowie das eigene kreative Gestalten sollen ihnen vielfältige Erfahrungen ermöglichen.

Adresse Hodlerstrasse 8–12, 3011 Bern, Tel. 031/3280944, www.kunstmuseumbern.ch // ÖV circa fünf Minuten zu Fuss vom Bahnhof entfernt // Öffnungszeiten Di 10–21 Uhr, Mi–So 10–17 Uhr, «Erste Schritte im Museum», «Kunstspatz» und «Artur Kinder-Kunst-Tour» einmal im Monat nur mit Anmeldung // ab 1 Jahr

TIPP: In fünf Minuten ist man zu Fuss am Waisenhausplatz, wo der berühmte Meret-Oppenheim-Brunnen steht.

57_DAS LE PETIT CHAT NOIR

Spielsachen mit nordischem Touch

Vielleicht muss man sich fragen, wer sich in diesem Laden mehr freut: die Kleinen oder die Grossen? Wie auch immer, eins ist klar: Im «Le Petit Chat Noir» gibt es Spielsachen der besonderen Art. Zum Beispiel genähte Mäuse und Hasen in Streichholzschachteln und bis ins Detail eingerichteten Puppenhäusern, alles in geschmackvollem dänischen Design. Auch andere Dinge haben diesen nordischen Touch, die Nachtlichter in Tierformen etwa, die kleinen Rucksäcke, die süssen Stofftiere, die speziellen Bilderbücher und das hübsche Geschirr. Wer hier ein Geschenk zur Geburt oder für kleinere Kinder sucht, wird auf jeden Fall fündig.

Alteingesessenen Bernern ist das «Chat Noir» längst ein Begriff. Seit mehr als 40 Jahren ist dieser Laden vor allem für seine grosse Auswahl an Postkarten bekannt. Ende der 70er Jahre reisten Andreas Jordi und Martin Schnöller, zwei befreundete Kunstliebhaber, nach London. Sie kehrten mit Koffern voller Kunstdrucke nach Bern zurück. Diese verkauften sie, zusammen mit Rahmen nach Mass, in einer kleinen Wohnung im Obergeschoss an der Marktgasse.

Als Jordis künftige Frau Guri ins Geschäft einstieg, wurde das Sortiment mit Kleinmöbeln, Accessoires und Geschenkartikeln erweitert. 2018 übergaben Andreas und Guri Jordi dieses Lebenswerk an ihre Kinder Kim und Björn. Und so lebt der traditionelle Berner Laden weiter. Mit dem 2020 eröffneten «Le Petit Chat Noir» gibt es nun auch ein Angebot für die Jüngsten.

Adresse Theaterplatz 4, 3011 Bern, Tel. 031/3118186, www.chat-noir.ch // ÖV Trams 6, 7, 8, 9, Busse 10, 12, 19, 30, Haltestelle Zytglogge // Öffnungszeiten Mo–Fr 10–18.30, Sa 9–17 Uhr // für jedes Alter

TIPP: Geht man über den Casinoplatz Richtung Kirchenfeldbrücke, entdeckt man vor der Brücke auf der rechten Seite einen Wandbrunnen mit einem Bronzerelief.

58_DER LESE- UND SPIELPAVILLON

Ein kreativer Ort im Rosengarten

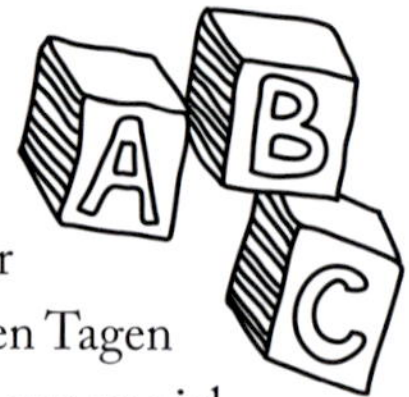

Die Aussicht vom Rosengarten, der hoch über der Stadt thront, ist überwältigend. Das lockt an schönen Tagen zahlreiche Menschen an diesen historischen Ort, wo es viel Grünfläche, alte Bäume, unzählige Rosensorten, einen Spielplatz und ein Restaurant gibt. Mittendrin wartet eine weitere Perle: der Lese- und Spielpavillon mit Büchern und Spielsachen zum Ausleihen. Das Häuschen ist von einer Mauer umgeben, die einen kleinen Hof formt. In diesem geschützten Rahmen darf munter gespielt, gemalt, geradelt und gelesen werden.

Eine Runde auf dem LikeaBike gefällig? Man kann aber auch das Laufen mit Stelzen üben. Oder sich mit anderen Kindern an einen Tisch setzen und ein Brettspiel ausprobieren. Vielleicht lesen Mama oder Papa eine Geschichte vor? Das Angebot ist vielfältig, und eine Bibliothekarin ist stets anwesend. Hütedienst gibt es keinen, doch wenn die Kleinen zufrieden am Spielen sind, können die Grossen auch mal einen Kaffee bestellen und plaudern.

Es war 1962, als der alte Restaurant-Pavillon umgebaut und zur Freihandbibliothek wurde. Jeder konnte ohne Formalitäten oder Kosten ein Buch aus dem Regal nehmen, im Park lesen und wieder zurückbringen. Ein Stadtgärtner hatte dieses Konzept im Ausland kennengelernt und im Berner Rosengarten eingeführt. Heute ist der Lese- und Spielpavillon eine Aussenstelle der Kornhausbibliotheken und bietet 500 Werke von Schweizer Autoren, über 200 Kinder- und Jugendbücher, Zeitschriften, Comics und unzählige Spielsachen.

TIPP: Anschliessend kann man gemütlich im Rosengarten picknicken oder sich im Restaurant mit herrlicher Sicht auf die Berner Altstadt eine Stärkung gönnen.

Adresse Parkanlage Rosengarten, Laubeggstrasse 1, 3013 Bern, Tel. 079/2712098, www.kob.ch/standort/pavillon-rosengarten // **ÖV** Bus 10, Haltestelle Rosengarten // **Öffnungszeiten** Mai–Okt. bei gutem Wetter Di–Sa 14–17.30 Uhr // für jedes Alter

59_DER LISCHETTI-BRUNNEN

Wer will die Brunnenfigur sein?

Auf den elf historischen Figurenbrunnen von Bern stehen Personen wie Anna Seiler oder der Kindlifresser. Auch auf dem schlichten Kronen-Brunnen in der Postgasse wäre Platz für eine Figur. Aber da steht keine! Der Künstler Carlo Lischetti (1946–2005), der den Brunnenstock 1992 erschuf, wollte den Passanten die Möglichkeit geben, selbst eine Brunnenfigur zu werden. Deshalb gestaltete er eine Metalltreppe mit einem Geländer, die zu einer kleinen Plattform auf einem Steinsockel führt. Lischettis Werk mit dem Titel «Keine Brunnenfigur» wird erst durch seine Besucher vollständig. Denn der Künstler fand, dass jeder eine Geschichte zu erzählen hat. So soll nicht nur Anna Seiler an die Stiftung des Inselspitals erinnern oder der gruselige Kindlifresser an ehemalige Methoden, Kinder zum Gehorsam zu bringen. Alle Menschen sollen auf den Brunnensockel steigen und etwas erzählen dürfen. Somit schuf Carlo Lischetti ein Pendant zum Speaker's Corner in London, wo jedermann die Möglichkeit hat, seine Meinung kundzutun.

Damit das Gesagte auch gehört wird, stellte der Künstler Bänke für Zuschauende und Zuhörende vor den Brunnen. Vielleicht braucht es etwas Mut, dort hochzusteigen. Aber man muss ja nicht unbedingt eine Rede halten. Man kann auch einfach auf dem Brunnen stehen und sich kurz wie eine Brunnenfigur fühlen. Das reicht völlig.

TIPP: Blickt man vom Brunnen auf die Postgasse hinab, entdeckt man an einer Hauswand ein Fenster mit Sicht aufs Meer. Kann das sein? Nein! Das Fenster wurde von der Künstlerin Manuela Stähli-Legnazzi aufgemalt.

Adresse Postgasse (gleich nach dem Rathaus), 3011 Bern // ÖV Bus 12, Haltestelle Rathaus // ab 4 Jahre

70

60_DER LOUBEGAFFER

Optische Täuschung in der Bahnhofsunterführung

Fährt man bei der Heiliggeistkirche mit der Rolltreppe in die Bahnhofsunterführung und geht weiter Richtung Treffpunkt, hat man das Gefühl, jemand starre einen an. In der Tat: Da steht ein lächelnder Mann hinter einem Geländer, den Kopf lässig auf die Hände gestützt, und guckt einem hinterher. Es ist der Loubegaffer. Ein bisschen irritiert bleibt man stehen. Geht nach links. Geht nach rechts. Und muss feststellen, dass der Mann immer dorthin schaut, wo man sich gerade befindet. Wie kann das sein? Die Antwort gibt Sandro Del-Prete, der die Figur erschaffen hat: «Das ist eine optische Täuschung.»

Mit einer bestimmten malerischen Technik arbeitete der Künstler das Gesicht nach innen. Damit wird der Eindruck erzeugt, dass die Augen der Figur dem Betrachter folgen. Sandro Del-Prete, der in Florenz Kunst studiert hat, möchte die Menschen dazu anregen, genauer hinzusehen. Betrachtet man seine Gemälde und Statuen, fragt man sich: Was ist vorne, was hinten, was oben, was unten? Nichts ist so, wie es auf den ersten Blick scheint.

In den 1980er Jahren wurde der Künstler gebeten, eine Statue für die neue Schweizerhof-Passage anzufertigen. Unter Del-Pretes Vorschlägen war der Loubegaffer. Die Wahl fiel auf ihn, und er entwickelte sich zum Magneten für Touristen. Als es eine weitere Änderung in der Passage gab, musste der Loubegaffer umziehen. Nach langem Hin und Her fand er einen Platz in der Bahnhofsunterführung, wo er bis heute in einem Schaufenster steht und den Passanten hinterherblickt.

TIPP: Im Illusoria-Land im Restaurant Kreuz in Hettiswil bei Hindelbank gibt es weitere optische Täuschungen des Künstlers zu bestaunen (Mi–Fr 14–17.30 Uhr, Sa und So 13.30–17 Uhr, www.illusorialand.ch).

Adresse Bahnhofsunterführung, 3011 Bern // ÖV sämtliche Busse und Trams, bei der Heiliggeistkirche mit der Rolltreppe in die Bahnhofsunterführung, weiter Richtung Treffpunkt, Loubegaffer auf der rechten Seite in einem Schaufenster // ab 3 Jahre

61_DAS MARZILIBÄHNLI

Die kürzeste Standseilbahn der Schweiz

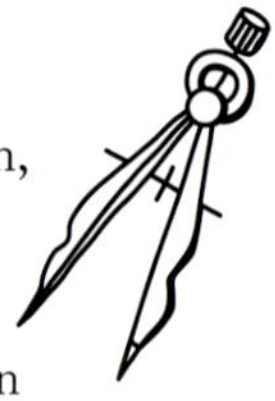

Man muss es einfach mögen, dieses kleine rote Bähnchen, das die Bundesterrasse mit dem Marziliquartier verbindet. Gerade einmal eine Minute lang dauert die Fahrt mit ihm. Denn das Marzilibähnli ist die kürzeste Standseilbahn der Schweiz. Auf einer Länge von nur 105 Metern überwindet es 31 Höhenmeter und eine Steigung von 29 Prozent.

Ob sich die kurze Fahrt überhaupt lohnt? Ja natürlich! Im Sommer ist es bequem, wenn man müde vom Marzilibad kommt und zum Bahnhof hinaufwill. Da steigt man am besten ins Bähnli und erspart sich den schweisstreibenden Aufstieg zu Fuss. Und auch sonst macht es Spass, mit diesem sympathischen Verkehrsmittel unterwegs zu sein. Wenn man sich zuvorderst hinstellt und beobachtet, wie die andere Kabine näher kommt und man sie an der Ausweichstelle in der Mitte kreuzt, hat man das Gefühl, in einer Bergbahn zu sein.

Als das Marzilibähnli im Jahr 1885 seinen Betrieb aufnahm, war es eine Wasserballastbahn. Das ging so: Bei der Bergstation holte man Wasser aus dem Stadtbach und füllte es in den Tank, der sich unten an der Bahnkabine befand. Somit zog die abwärts fahrende Kabine mit ihrem Gewicht die aufwärts fahrende Kabine nach oben. Bei der Talstation wurde das Wasser aus dem Tank in die Aare geleitet. Bis ins Jahr 1974 war das Marzilibähnli mit Wasser und braunen Kabinen unterwegs. Dann wurde es umgebaut. Seither wird das von den Bernern so heiss geliebte Gefährt mit Strom betrieben und trägt die Farbe Rot.

Adresse Drahtseilbahn Marzili-Stadt Bern AG, Bundesterrasse 7, 3011 Bern, Tel. 031/3110044, www.marzilibahn.ch // **ÖV** unweit des Bahnhofs gelegen // **Öffnungszeiten** täglich 6.15–21 Uhr // für jedes Alter

TIPP: Nahe der Talstation, bei einem Gebäude der Bundesverwaltung, kann man eine alte Kabine aus der Zeit, als das Marzilibähnli noch mit Wasser fuhr, besichtigen. Die zweite alte Kabine steht im Verkehrshaus der Schweiz in Luzern, wo es auch ein Modell der alten Anlage gibt.

62_DER MATTELIFT

30 Sekunden im ältesten öffentlichen Lift von Bern

Wie praktisch. In gerade mal 30 Sekunden gelangt man mit dem Mattelift vom Mattequartier an der Aare auf die 30 Meter höher gelegene Münsterplattform. Aber irgendwie auch schade. Denn die Fahrt mit dem ältesten öffentlichen Lift von Bern ist ein Erlebnis. Da würde man gern ein bisschen länger unterwegs sein. Die gläserne

Kabine bietet eine herrliche Aussicht auf die nahen Gärten, die Aare und die Altstadt.

Begrüsst wird man an der Talstation von einem Liftboy oder einer Liftdame. Sie geben gern Auskunft, kassieren mit einer Umhänge-Wechselkasse das Geld ein und knipsen mit einer Zange Löcher in die historische Kartonfahrkarte. Jeder Liftboy und jede Liftdame hat eine andere Zange. Wenn man also öfter mit dem Mattelift fährt und die Billette sammelt, kann man sich bald über eine Vielfalt von Knips-Löchern freuen.

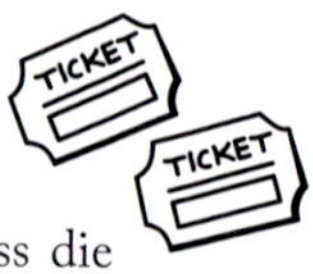

Gebaut wurde der Mattelift, der von den Einheimischen auch Senkeltram genannt wird, im Jahr 1896. Zunächst waren die vornehmen Bürger, die oben in der Stadt wohnten, wenig begeistert. Sie wollten nicht, dass die Arbeiter und Handwerker aus dem Mattequartier mit einem Lift zu ihnen hochfuhren. Doch die Bedenken legten sich, und der Aufzug wurde gebaut. Zuerst war er mit zwei Holzkabinen unterwegs, später wurde die eine Kabine durch ein Gegengewicht ersetzt. Seit 2010 fährt der beheizte Lift, der täglich fast 800 Menschen befördert, mit einer Kabine aus Glas.

> TIPP: Wer gern Treppen läuft, kann die Strecke von der Münsterplattform ins Mattequartier auch über die Mattetreppe zurücklegen. Sie hat insgesamt 183 Stufen.

Adresse Münsterplattform (Bergstation) und Badgasse 16 (Talstation), 3011 Bern, www.mattelift.ch // ÖV Bus 12, Haltestelle Rathaus, von dort circa zwei Minuten Fussweg zur Bergstation // Öffnungszeiten täglich 6–20.30 Uhr // für jedes Alter

63_DAS MINI-BUNDESHAUS

Das Regierungsgebäude im Kleinformat

Das grosse Bundeshaus kennen alle. Es prägt gemeinsam mit dem Münster die Silhouette von Bern. Unter seiner grünen, mit goldenen Elementen verzierten Kuppel tagt das Parlament. In den angebauten Teilen, dem West- und dem Ostflügel, befinden sich diverse Departemente und das Sitzungszimmer des Bundesrats. Auf der Bundesterrasse gibt es aber noch ein kleines Bundeshaus. Es ist aus Bronze gegossen und hat einen Massstab von 1:130. Fast erinnert dieses Mini-Bundeshaus an ein Puppenhaus. Es steht auf einer steinernen Bank, ist 2,6 Meter lang, 92 Zentimeter breit und 67 Zentimeter hoch.

Anlass zum Bau dieses Modells gab das 100-jährige Jubiläum von Lions Clubs International. Es entstand die Idee, ein Bundeshaus zum Anfassen zu erschaffen. Das Bronzemodell sollte den Willen von blinden und sehbehinderten Menschen symbolisieren, am politischen Prozess teilzuhaben. Es wurde gemeinsam vom Schweizerischen Blinden- und Sehbehindertenverband SBV und dem Lions Club Schweiz-Liechtenstein initiiert und der Eidgenossenschaft geschenkt. Einer der Bundesräte durfte das Mini-Bundeshaus im Frühjahr 2018 feierlich entgegennehmen.

Seither kann man es auf der Bundesterrasse betrachten und ertasten. Das erfreut Sehende und Sehbehinderte gleichermassen. Für Kinder ist es interessant, die Augen zu schliessen und das Mini-Bundeshaus mit den Händen zu erkunden. Auf dem dazugehörigen Schild lässt sich auch die Blindenschrift befühlen.

TIPP: Neben der Bundesterrasse liegt die Kleine Schanze – ein schöner Park mit Grünfläche, Sitzbänken, alten Bäumen, einem Teich und einem Restaurant mit Spielplatz.

Adresse Bundesterrasse, 3003 Bern // ÖV vom Bahnhof fünf bis zehn Minuten Fussweg // für jedes Alter

64_DIE MINIGOLFANLAGE WALDAU

Wer versenkt den Ball mit den wenigsten Schlägen?

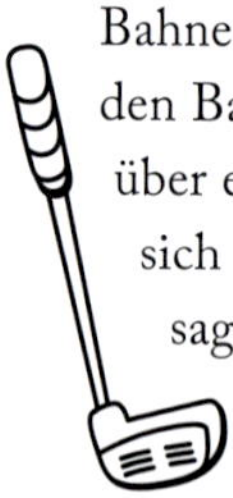

Minigolfspielen macht einfach Spass. Auf 18 verschiedenen Bahnen versucht man, einen kleinen Ball mit einem Stock und möglichst wenigen Schlägen ins Zielloch zu befördern. Die Bahnen sind mit Hindernissen bestückt. Einmal muss man den Ball durch einen kleinen Tunnel lotsen, ein andermal über eine Welle oder durch eine Kurve. Dabei konzentriere man sich auf das Wesentliche und bewege sich an der frischen Luft, sagen die Betreiber der Anlage. «Das Minigolfspielen hat eine entschleunigende Wirkung.»

Erst recht, wenn die Anlage so idyllisch liegt wie jene in der Waldau. Integriert in den Park der psychiatrischen Klinik, ist sie von vielen Bäumen umgeben und an Nachmittagen und Abenden für kleine Plausch-Turniere offen. Damit auch jüngere Kinder mitspielen können, gibt es extrakurze Stöcke. Auf einem Zettel wird notiert, wer bei welcher Bahn wie viele Schläge gebraucht hat. Am Schluss gewinnt die Person, die es mit den wenigsten geschafft hat.

Es war der Schweizer Gartenarchitekt Paul Bongni, der dieses Golfspiel im Kleinformat entwarf und 1950 ein Patentgesuch einreichte. 1954 wurde die erste genormte Minigolfanlage in Ascona (TI) eröffnet. Fortan wurden Clubs gegründet und Turniere veranstaltet. Das Minigolfspielen entwickelte sich zu einer Sportart, in der sogar Weltmeisterschaften durchgeführt wurden. Auch beim Minigolfclub Bern, der die Anlage in der Waldau betreibt, kann man Minigolf als Sport ausüben. Besucht man den Ort mit Kindern, ist aber vermutlich eher Plausch angesagt.

TIPP: Wer nach dem Turnier Lust auf ein Zvieri hat, kann sich am Minigolfkiosk etwas kaufen oder fünf Minuten zur Café Lounge Mösli in der Milchstrasse 2 in Ostermundigen spazieren (www.reinhard.swiss).

Adresse Bolligenstrasse 111, 3000 Bern, Tel. 079/6307594, www.mcbern.ch // **ÖV** Busse 28 und 44, Haltestelle Bern UPD Waldau // **Anfahrt** über Bern Wankdorf Richtung Bolligen, den Schildern der Psychiatrischen Klinik UPD Waldau folgen, grosser Parkplatz gleich neben der Minigolfanlage // **Öffnungszeiten** circa Mitte März – Ende Okt., genaue Angaben siehe Website // ab 4 Jahre

65_DER MONBIJOUPARK

Eine historische Parkanlage mit Spielplatz

Ist es draussen warm, ist der Monbijoupark mittags meistens voller Leben. Denn Schüler und Berufstätige verbringen ihre Pause gern an der frischen Luft. Schliesslich liegt der Monbijoupark mitten in einem belebten Quartier mit vielen Wohnungen, Geschäften und Büros. Die einen suchen Erholung beim Picknick unter den schattenspendenden Bäumen, die anderen breiten ein Badetuch aus und tanken Sonne. Bei der riesigen alten Platane am südwestlichen Zipfel des Parks vergnügen sich die Kinder auf dem Spielplatz.

Ein hölzerner Turm birgt in seinem Inneren ein kleines Höhlensystem zum Entdecken. Die in den Boden eingelassenen Pfähle in unterschiedlicher Höhe laden zum Klettern ein. Wer den Turm erklimmt, wird mit einer rasanten Rutschbahnfahrt durch eine Metallröhre belohnt. Vor dem Turm befindet sich eine kleine Velospielanlage, auf der auch jüngere Kinder unterwegs sein können, zum Beispiel mit LikeaBikes.

Die Spiellandschaft wurde 2022 neu gestaltet. Der Umbau des Parks, in den unter anderem die Kinder aus dem benachbarten Chinderchübu miteinbezogen wurden, geht weiter. Im abschüssigen Wäldchen am südlichen Ende des Parks entsteht eine Sandlandschaft mit Bachlauf, wo die Kinder Wasser hochpumpen können. Ansonsten gibt es auch eine Rutschbahn, die sich für Kleinkinder eignet, und zuoberst am Hang einen Ausguckposten.

TIPP: An der Monbijoustrasse 16, fünf Gehminuten vom Park entfernt, findet man das «Bücherbergwerk», einen Secondhand-Buchladen, der auch Kinderbücher im Sortiment hat.

Adresse Monbijoustrasse 40, 3011 Bern // ÖV Tram 9 oder Bus 19, Haltestelle Monbijou // für jedes Alter

66_DIE MÜNSTER-PLATTFORM

Ein lebendiger Begegnungsort

In der warmen Jahreszeit herrscht hier ein buntes Treiben. Die Münsterplattform, von den Bernern «Pläfe» genannt, ist ein lebendiger Begegnungsort für Jung und Alt. Während die älteren Herrschaften dem Boulespiel frönen, vergnügen sich die Jüngeren beim Tischtennis. Die Kinder hüpfen auf den in den Boden eingelassenen Trampolinen, wirbeln auf den Drehmännchen herum oder spielen am Sand-Matsch-Tisch.

Im Lese- und Spielpavillon der Kornhausbibliotheken im West-Pavillon kann man von Dienstag- bis Samstagnachmittag in Büchern schmökern und Spielsachen ausleihen. Vier Reihen von Kastanienbäumen spenden Schatten, unzählige Sitzbänke laden zum Verweilen und Rasenflächen zum Turnen, Liegen und Picknicken ein. Im Ost-Pavillon, der gleich neben der Bergstation des Mattelifts liegt, bietet das Café «Einstein au Jardin» allerlei kulinarische Köstlichkeiten an. Bei einem Kaffee, Sirup oder Apéro kann man den herrlichen Blick über die Aare und auf die Berner Alpen geniessen. Noch eindrücklicher wird dieser nur, wenn man den Münsterturm besteigt.

Knapp 100 Jahre bevor man mit dem Bau des Münsters begann, wurde 1334 der Grundstein für die Plattform in ihrer heutigen Grösse gelegt. Die Münsterplattform, die zuerst als Friedhof, dann als Lustgarten und Kirchhof diente, wurde letztmals 2021 sanft saniert. Am ersten Samstag des Monats findet hier ein traditioneller Handwerkermarkt statt.

Adresse Münsterplattform, 3011 Bern, www.einstein-jardin.ch // ÖV Bus 12, Haltestelle Rathaus, von dort circa zwei Minuten Fussweg; Tram oder Busse 6, 7, 8, 9, 10, 12, Haltestelle Zytglogge, von dort circa 5 Minuten Fussweg // für jedes Alter

TIPP: Als die Münsterplattform 1986 saniert wurde, entdeckte man etliche alte Skulpturen. Ihren Fundort kann man im Lese- und Spielpavillon, zu dem eine Wendeltreppe führt, besichtigen.

67_DER MÜNSTERTURM

Hier steigt man 344 Treppenstufen empor

Die tolle Aussicht von diesem Turm muss man sich verdienen. Schliesslich hat das Berner Münster mit 100,6 Metern den höchsten Kirchturm der Schweiz. Bis der untere Teil erbaut war, dauerte es mehr als 150 Jahre, von 1421 bis 1590. Der oberste Teil des Turms wurde dem Münster 1893 aufgesetzt.

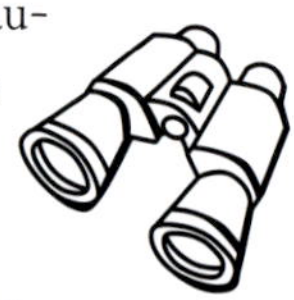

Bis zur ersten Aussichtsplattform sind es 254 Stufen, die man hochsteigen muss. Da kommt man ganz schön aus der Puste! Die schmale Treppe windet sich in engen Kurven empor. Dabei begegnet man der schwersten Glocke der Schweiz; sie wiegt zehn Tonnen und trägt den Spitznamen «Gewichtige Susanna». Sieben Glocken hängen im Berner Münsterturm. Sie werden immer zu bestimmten Zeiten und Tagen geläutet. Von der ersten Plattform aus ist die Aussicht schon mal grossartig. Bei schönem Wetter sieht man auf der einen Seite bis zu den Gipfeln des Berner Oberlands, auf der anderen Seite bis zum Jura. Doch auch in der Nähe gibt es Interessantes zu entdecken: in Stein gemeisselte Tierköpfe wie etwa die eines Wildschweins und eines Hundes. Oder die Köpfe der Herren, die den Turm einst fertiggestellt haben.

Früher haben die Münster-Turmwarte jahrein, jahraus hier oben gewohnt. Heute ist die Turmwartin zwar fast jeden Tag da, geht aber abends nach Hause. Sie gibt gern Auskunft und zeigt einem zum Beispiel den Weg, der auf die zweite Aussichtsplattform führt. Denn jetzt geht es nochmals 90 Stufen empor. Steht man nach diesen insgesamt 344 Treppenstufen oben, ist klar: «Die Mühe hat sich gelohnt!»

Adresse Münsterplatz 1, 3011 Bern, Infostelle Tel. 031/3120462, Turmwartin Tel. 079/7602674, www.bernermuenster.ch // ÖV Bus 12, Haltestelle Rathaus, von dort circa zwei Minuten Fussweg; Tram oder Busse 6, 7, 8, 9, 10, 12, Haltestelle Zytglogge, von dort circa fünf Minuten Fussweg // Öffnungszeiten Sommer: Mo–Sa 10–16.30 Uhr, So 11.30–16.30 Uhr; Winter: Mo–Fr 12–15.30 Uhr, Sa 10–16.30 Uhr, So 11.30–15.30 Uhr // ab 5 Jahre

TIPP: An der Münstergasse 62 befindet sich das May-Haus. Ein Narr aus Stein trägt den hohen Erker auf seinen Schultern. Kein Wunder, dass er das Gesicht verzieht!

68_DAS MUSEUM FÜR KOMMUNIKATION

Von der Rohrpost bis zum Computer

Es gibt viel zu entdecken in diesem Museum. Zu Beginn erhalten die Kinder eine Ratatösk-Karte. So heisst das Eichhörnchen in der nordischen Mythologie. Dort wird erzählt, dass es auf dem Weltenbaum Nachrichten übermittelt. Mit Hilfe des Eichhörnchens können der Adler auf der Krone und der Drache am Fuss des Baumes kommunizieren. Ratatösk hat sich zwölf Mal im Museum versteckt, meist in kleinen Häusern. Und während die Kinder in einem dieser Häuschen einen Film gucken oder spielen, schauen sich die Eltern in aller Ruhe um. Schliesslich erzählt das Museum die ganze Geschichte der Kommunikation, vom Verkehr über die Post, das Radio, den TV bis hin zu Computer und Internet.

Für die Kleinen gibt es nebst den Ratatösk-Verstecken noch viel mehr zu erkunden. Ein grosser Spass ist es, mit einem alten Telefon in einem anderen Stock des Museums anzurufen. Oder einen Brief per Rohrpost zu verschicken. Man schreibt eine Nachricht, verpackt sie in einen Behälter, wirft diesen in die durchsichtige Röhre und beobachtet, wie die Post davonsaust. Vielleicht hat man Lust, in das alte Postauto «Hummeli» zu steigen? Dann fragt man am besten eine der Kommunikatorinnen, die im Museum unterwegs sind.

TIPP: Im Café Pavillon gleich neben dem Museum gibt es Kaffee und Kuchen sowie frisch zubereitete Kleinigkeiten zu essen.

Zum Abschluss des Ratatösk-Rundgangs wartet ein Paternosteraufzug, in dem 35 von einer Schulklasse gestaltete Eichhörnchen hinter bunten Törchen auf und ab gleiten. Jedes der aufklappbaren Törchen gibt einen anderen Blick auf die Nager frei.

Adresse Helvetiastrasse 16, 3000 Bern, Tel. 031/3575555, www.mfk.ch // ÖV Trams 6, 7, 8, Haltestelle Helvetiaplatz // Öffnungszeiten Di–So 10–17 Uhr // ab 3 Jahre

69_DAS NATURHISTORISCHE MUSEUM

Präparierte Tiere und Riesenkristalle

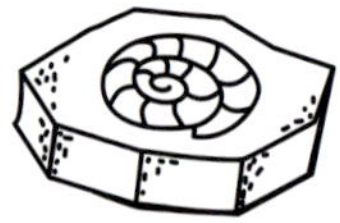

Die 35 Meter hohe Buche musste einst aus Sicherheitsgründen gefällt werden. Heute liegt der stattliche Baum im Naturhistorischen Museum von Bern. In seiner Wurzel, im Stamm und in der Krone haben sich rund 60 präparierte Tiere versteckt. Ein Paradies für Kinder! Sie dürfen in die riesige Wurzel schlüpfen und über den dicken Stamm klettern. Was es da alles zu entdecken gibt! Ein Treffen von Fuchs und Dachs etwa, ein kleines Wiesel und einen bunten Schmetterling.

Die Buche ist das Kernstück von «Picas Nest». In diesem Bereich des Museums sollen sich Familien besonders wohlfühlen. Pica heisst die freche Elster, die das Maskottchen der Kinderangebote im Museum ist. Nebst zwei Rundgängen, auf denen man präparierten Tieren in ihren Lebensräumen begegnet, warten im Eingangsbereich Themenkoffer. Mit diesen geht man zum Beispiel auf Safari nach Afrika oder erkundet Spuren und Fährten. Ab 2023 wird es eine interaktive Ausstellung für Kinder ab acht Jahren rund um verblüffende, gruselige und unglaubliche Beziehungen im Netzwerk der Natur geben.

Ein Highlight des Museums ist die «Schatzkammer» im Untergeschoss. Hier sind die bedeutendsten Kristallfunde des Alpenraums aus den letzten 300 Jahren zu besichtigen, unter anderem der vom Planggenstock im Kanton Uri. Besonders faszinierend ist die riesige, 300 Kilogramm schwere Kristallgruppe, die sich langsam und herrlich glitzernd um die eigene Achse dreht.

Adresse Bernastrasse 15, 3005 Bern, Tel. 031/3507111, www.nmbe.ch // **ÖV** Trams 6, 7, 8, Bus 19, Haltestelle Helvetiaplatz // **Öffnungszeiten** Mo 14–17 Uhr, Di, Do und Fr 9–17 Uhr, Mi 9–18 Uhr, Sa und So 10–17 Uhr // für jedes Alter

TIPP: Es lohnt sich, einen Blick auf das Dach des Museums zu werfen. Dort steht ein goldener Elefant!

70_DIE OLDTIMER GALERIE

Ein Spaziergang durch 100 Jahre Autogeschichte

In der Oldtimer Galerie vernimmt man selbst von Menschen, die sich nicht unbedingt zu den Autofans zählen, begeisterte Ausrufe. Auf diesem Spaziergang durch 100 Jahre Autogeschichte gibt es viel

zu entdecken. Kinder werden besonders grosse Augen machen, wenn sie auf einen schnittigen Ferrari, ein nostalgisches BMW-Motorrad, ein elegantes Taxi aus den 30er Jahren oder einen Porsche-Traktor stossen. Was man hier sieht, ist «Kulturgut auf zwei und vier Rädern», wie die Betreiber sagen, «eine Reise durch Design und Technik».

Gut 100 Fahrzeuge stehen in den insgesamt 3.000 Quadratmeter grossen Hallen. Was man wissen muss: Bei jedem Besuch sind es wieder andere. Denn die Oldtimer Galerie ist eine Mischung aus Museum und Verkaufsausstellung. Somit ist es stets eine Überraschung, was man antrifft. Das ist spannend, denn so gibt es immer wieder etwas Neues zu sehen.

Seit 1984 frönen die Betreiber der Oldtimer Galerie ihrer Leidenschaft für alte Autos. Damals begannen sie, in kleinem Rahmen Leihgaben auszustellen. Mit der Zeit fanden die unglaublichsten Fahrzeuge den Weg nach Toffen, unter anderem auch K.I.T.T. aus Knight Rider. Das Interesse der Kundschaft wuchs, und man fing an, Fahrzeuge zu versteigern. Heute finden pro Jahr vier Auktionen in der Schweiz statt, zwei davon in Toffen. Wer dann doch irgendwann genug von den zwei- und vierrädrigen Maschinen hat, kann sich im sympathischen Restaurant der Oldtimer Galerie eine Pause gönnen.

Adresse Gürbestrasse 1, 3125 Toffen, Tel. 031/8196161, www.oldtimergalerie.ch // ÖV S4 oder S44, Haltestelle Toffen, von dort drei Minuten Fussweg // Anfahrt von Bern über Belp nach Toffen, Parkplatz vor dem Haus // Öffnungszeiten Mo–Sa 10–18 Uhr, 1. Wochenende im Monat geschlossen // ab 4 Jahre

TIPP: Von der Oldtimer Galerie aus kann man wunderbar an der Gürbe entlangspazieren.

71_DIE OLDTIMER-TRAMS UND -BUSSE

Unterwegs mit historischen Fahrzeugen

Das waren noch Zeiten, als es in Trams hölzerne Längsbänke und Fenster zum Öffnen gab. Als der Chauffeur nicht allein in einem Führerstand sass, sondern die Hebel und Kurbeln stehend und fast mitten im Geschehen bediente. In Bern kann man diese alten Zeiten wieder aufleben lassen. Von Mai bis Oktober bietet die Stiftung «Bernmobil Historique» öffentliche Rundfahrten mit Oldtimer-Trams und -Bussen an.

Für diese Erlebnisse, die in unregelmässigen Abständen an Sonntagen stattfinden, braucht es keine Anmeldung. Gestartet wird beim Bahnhof Bern, und die Fahrt mit dem historischen Tram oder Bus zu einer beliebigen Endstation und wieder zurück dauert ungefähr 50 Minuten. Auf der Website stehen nebst den Daten und den genauen Einstiegsorten teilweise auch die Fahrzeuge, die im Einsatz sind. Vielleicht ist es der älteste Schnauzenbus von 1924 oder das einzige Dampftram aus dem Jahr 1894. Es könnte aber auch der Zweiachs-Tramzug von 1910 sein oder der Vierachs-Tramzug von 1935. Diese beiden Schienenfahrzeuge sind in der Weihnachtszeit auch als Märlitram und Chlousetram unterwegs.

Der Stiftung «Bernmobil Historique» ist es ein Anliegen, die historischen Fahrzeuge des öffentlichen Nahverkehrs in Bern für die Zukunft zu erhalten. Eine Gruppe von freiwilligen Mitarbeitenden pflegt und restauriert die Oldtimer-Trams und -busse regelmässig und mit viel Leidenschaft.

Adresse Hauptbahnhof, 3011 Bern, Tel. 031/3218880 (Mo–Fr), www.bernmobil-historique.ch // **Öffnungszeiten** genaue Abfahrtsorte und -zeiten der einzelnen Fahrten siehe Website // für jedes Alter

TIPP: Am Bahnhofplatz 2 befindet sich das hübsche Restaurant «toi et moi», das auch am Sonntag geöffnet hat (www.toietmoi.ch).

72_DER PONY-SPAZIERGANG

Bürsten, putzen, zäumen, satteln und reiten

Es müssen nicht immer gleich Reitstunden sein. Im Stall Jost, der auf dem Spiegel-Plateau mit schönster Aussicht über Bern liegt, kann man auf Pony-Spaziergängen den Umgang mit Tieren erlernen. Dazu gehört, dass die Kinder auf dem Hof mithelfen, die Ponys bereit zu machen. Sie dürfen sie bürsten, zäumen und satteln, ihre Hufe putzen und auch mal ihre Mähnen flechten. Dann macht sich die Gruppe auf einen ausgedehnten Reit-Spaziergang, der über Wiesen und in den Wald führt.

Dabei geht es darum, gemütlich unterwegs zu sein, sich in der Natur zu bewegen, die Tiere und ihr Verhalten zu beobachten und darauf einzugehen. Am Montag, Dienstag und Donnerstag sind kleinere Kinder in Begleitung unterwegs, am Mittwoch und Freitag grössere Kinder ohne Begleitung. Stets ist bei diesen Pony-Erlebnissen aber jemand vom Hof mit dabei. Am Samstag kann man vormittags Ponys für private Spaziergänge ausleihen und nachmittags Kindergeburtstags-Ausflüge buchen.

«Es ist wichtig, dass Kinder schon früh mit Tieren in Berührung kommen», sagt Corinne Jost, die den Hof mit ihren beiden Töchtern bewirtschaftet. «Sie lernen dabei, Verantwortung zu übernehmen und ruhig zu handeln.» Auf dem Bauernhof gibt es nicht nur 15 Ponys unterschiedlicher Grösse. Auch etliche Pferde leben hier in Pension, weiters ein Esel, Ziegen, Hunde, Katzen, Hühner, Meerschweinchen und Alpakas. Um all die Tiere zu sehen, kann man einfach mal an diesem idyllisch gelegenen Hof vorbeispazieren.

Adresse Familie Jost, Granitstrasse 9, 3098 Köniz, Tel. 079/8444415, www.stall-jost.ch // ÖV Bus 19, Haltestelle Spiegel Blinzern, von dort fünf Minuten Fussweg übers Feld // Öffnungszeiten Mo–Fr nachmittags und Sa vormittags, Angebote auf der Website, nur nach Anmeldung // ab 4 Jahre

TIPP: In der Nähe des Ponystalls befindet sich der Spielplatz Reservoir Blinzern (www.koeniz.ch).

73_DAS PRO NATURA ZENTRUM

Beobachten und forschen im Eichholz

Tritt man durch das Tor im Pro Natura Zentrum Eichholz, findet man sich in einer grünen Oase wieder. Ein schmaler Pfad führt durch eine idyllische Auenlandschaft bis zu einem hölzernen Turm. Oben angekommen,

lässt sich die unberührte Natur durch aufklappbare Luken in verschiedenen Höhen beobachten. 200 Pflanzen- und 50 Vogelarten gibt es zu bestaunen.

Während vieler Jahre war hier eine künstliche Fischzucht stationiert. Als diese eingestellt wurde, eroberte sich die Natur das Land zurück. Heute soll das zwei Hektar grosse Naturreservat, das unter dem Patronat von Pro Natura steht, die Vielfalt eines Lebensraums aufzeigen. Wer genau hinschaut, kann denn auch einiges entdecken. Die kleine Ringelnatter, die sich am Wegesrand gesonnt hat und nun eilig davonkriecht und in ein Bächlein taucht zum Beispiel. Oder die zwei Libellen, die im Sonnenlicht tanzen und deren Flügel zartgrün schimmern. Einige der hier lebenden Tiere – Rehe, Füchse, Biber, Marder, Iltisse und Fischotter – sieht man selten, da sie eher in der Nacht unterwegs sind. Hin und wieder, im matschigen Boden oder im Schnee, hat man das Glück, ihre Spuren zu erkennen.

TIPP: Gleich nebenan liegt die riesige Eichholz-Wiese mit alten Bäumen, einem Spielplatz und lauschigen Feuerstellen an der Aare.

Im Gebäude beim Eingang kann man eine Wechselausstellung zu einem naturkundlichen Thema besuchen. Zudem werden zahlreiche Aktivitäten angeboten, so etwa das Naturlabor am Teich. Dabei dürfen Kinder unter fachkundiger Anleitung mit Netz und Lupe die Wunderwelt von Fröschen, Molchen, Schnecken, Wasserskorpionen und Käfern erforschen.

Adresse Strandweg 60, 3084 Wabern, Tel. 078/7818247, www.pronatura-eichholz.ch // ÖV Tram 9, Haltestelle Wabern, von dort circa 15 Minuten Fussweg; Bus 29, Haltestelle Camping Eichholz, von dort circa drei Minuten Fussweg // Öffnungszeiten Ende April–Ende Okt. Mi, Sa und So 13.30–17.30 Uhr // ab 5 Jahre

74_DAS RATHAUS

Wer kann die Treppenstufen zählen?

In diesem Haus wird Politik gemacht. Frauen und Männer diskutieren in einem ehrwürdigen Saal, was im Kanton Bern in Zukunft geschehen soll. Manchmal darf man dabei zuschauen, für Kinder ist das allerdings eher langweilig. Draussen gibt es Spannenderes zu entdecken! Zum Beispiel die Freitreppe, die von zwei Seiten her an der Fassade des Rathauses hinaufführt. Oben, auf der kleinen überdachten Plattform, hat der englische Staatsmann Winston Churchill nach dem Zweiten Weltkrieg eine Rede gehalten.

Man muss zum Glück kein Staatsmann sein, um hier hochsteigen zu dürfen. Etwas ist aber erstaunlich: Die beiden Treppen, die zwar gleich aussehen, haben nicht gleich viele Stufen. Wie viele sind es? Um das herauszufinden, gibt es nur eins: langsam die Treppe auf der einen Seite hoch- und auf der anderen wieder hinuntersteigen und dabei ganz genau die Stufen zählen.

TIPP: Vom Rathaus führt die Postgasse weiter in die Altstadt hinab. Wer findet die Nummer 64? Hier befand sich einst Berns erste Poststelle.

Hat man das Zählen satt, kann man die Fassade des 1406 erbauten Hauses näher betrachten. Es gibt dort viele in Stein gemeisselte Figuren. Sie stehen unter anderem für Wahrheit, Lüge, Stärke und Weisheit. Auch lohnt es sich, einen Blick in den Seiteneingang rechts vom Rathaus zu werfen. Ist er offen, darf man in den Innenhof treten, in dem sich ein kleiner Brunnen mit einem goldenen Jungen befindet. Gleich dahinter sind zwei Eisentore zu sehen. Hinter diesen Toren lagen einst die Schatzgewölbe der Stadt, wo man früher Gold- und Silbermünzen verwahrte. Leider wurden die Münzen 1798 von den Franzosen gestohlen.

Adresse Rathausplatz 2, 3011 Bern, Tel. 031/6337550 // **ÖV** Bus 12, Haltestelle Rathaus // ab 5 Jahre

75_DER ROLLPARK LORRAINE

Fahrspass auf einer asphaltierten Piste

Die Lorraine ist ein urbanes, lebendiges und künstlerisch angehauchtes Quartier. Hier findet man unzählige kleine alternative Läden und Beizli. Spaziert man zum Schulhaus Lorraine, entdeckt man dahinter einen Rollpark. Er ist öffentlich zugänglich und war früher ein gewöhnlicher Pausenhof. Im Jahr 2017 wurde er zu einer asphaltierten Anlage mit Wellen, Mulden und Kurven umgestaltet.

Die Strecke bietet Platz für alle erdenklichen rollenden Geräte. Hier darf man mit Velos, Mountainbikes, BMX-Rädern, Scootern, Skateboards, Inlineskates, Trottinetts, Bobbycars und LikeaBikes unterwegs sein. Wer Lust hat, kann sogar ein ferngesteuertes Auto mitnehmen und auf der Piste ausprobieren. Eine vorgegebene Fahrspur gibt es nicht, jeder Fahrer sucht sich den Weg, der seinen Fähigkeiten am besten entspricht. Die Anlage ist mit sanfteren und kräftigeren Wellen ausgestattet, sodass sowohl kleinere Kinder als auch Jugendliche auf ihre Kosten kommen.

Da sich der Rollpark Lorraine auf dem Schulhausgelände befindet, ist die Zeit, während der am Vormittag die grosse Pause stattfindet, für einen Besuch eher ungeeignet. Sonst ist das Gelände aber frei zugänglich und darf von früh bis spät genutzt werden. Ein Unterstand und ein paar alte Bäume spenden Schutz vor Sonne und Regen, und ein kleiner Spielplatz rundet das Angebot ab.

Adresse Schulhaus Lorraine, Lorrainestrasse 33, 3013 Bern // ÖV Bus 20, Haltestelle Gewerbeschule // ab 3 Jahre

TIPP: An der Aare gleich neben der Lorrainebrücke kann man im Sommer das legendäre Lorrainebad besuchen.

76_DAS RÖMISCHE BAD

Der Archäologiepfad auf der Engehalbinsel

Bern ist viel älter, als man denkt. Bevor die Stadt 1191 gegründet wurde, lebten die Kelten und später die Römer auf der Engehalbinsel. Hier befand sich ab etwa 200 Jahre vor Christus eine keltische Stadt. Sie war die wichtigste im Mittelland und hiess vermutlich «Brenodurum». Aus diesem keltischen Zentrum entwickelte sich eine römische Kleinstadt, im 3. Jahrhundert nach Christus verloren sich die Spuren.

Auf der Engehalbinsel kann man auf einem Archäologiepfad Interessantes über die Kelten und Römer erfahren. Mit Kindern lohnen sich vor allem zwei Stationen: das römische Theater und das Bad. Die runden Mauern des Theaters, in dem 1.500 Menschen Platz hatten, befinden sich auf einer Wiese hinter der Matthäuskirche. Hier ist auch der Ausgangspunkt des Archäologiepfads. Beim Kirchgemeindehaus kann man in Vitrinen Gebäudemodelle, Werkzeuge, Münzen, Spielsteine und Tongefässe aus keltischer und römischer Zeit betrachten.

Von der Kirche aus geht es weiter in den Rychebachwald. Parallel zum schnurgeraden Waldweg verlief einst die belebte Marktgasse der römischen Stadt. Nach 20 Minuten erreicht man das römische Bad. Es wurde teilweise rekonstruiert, ist mit einem Dach und rundum mit einem Gitter versehen. Man kann aber gut hineinspähen und sich vorstellen, was sich hier einst abspielte. Während ein Sklave Holz in den Ofen schob, um das Bad zu heizen, entspannten sich die Römer in Wasserbecken, trieben Sport und trafen Freunde.

Adresse Ausgangspunkt bei der Matthäuskirche an der Reichenbachstrasse 112, 3004 Bern, Info-Flyer bei den Vitrinen // ÖV S9, Haltestelle Tiefenau, von dort circa zehn Minuten Fussweg bis zur Matthäuskirche, anschliessend den Schildern «Archäologiepfad» folgen // ab 6 Jahre

TIPP: Im Rychebachwald, der sich in einer Aareschlaufe befindet, kann man wunderbar spazieren und picknicken.

77_DER ROPETECH SEILPARK

Hoch hinaus im Dählhölzliwald

Kinder klettern gern auf Bäume. Es ist der Inbegriff eines Abenteuers und jedes Mal eine kleine Mutprobe. Wie stolz man ist, wenn man es geschafft hat. Und dann lässt sich die Welt von oben betrachten. Im ROPETECH Seilpark Bern ist das Abenteuer noch einen Tick grösser. Sieben Parcours führen auf einer Höhe zwischen vier und 23 Metern durch die Baumkronen des Dählhölzliwalds. Dabei geht es auf rund 3.000 Metern Aktivstrecke über Hängebrücken, Seilbahnen und 120 Plattformen mit herrlicher Aussicht.

Für Kinder ab vier Jahren gibt es drei einfache Parcours-Varianten. Gut gesichert und in Begleitung von Erwachsenen sind die Kleinsten in einer Höhe von zwei bis fünf Metern unterwegs. Ab acht Jahren dürfen die Kinder auf die grösseren Parcours. Auch hier werden sie von Erwachsenen begleitet. Erst ab zwölf Jahren braucht es keine erwachsenen Begleitpersonen mehr. Doch immer ist man zu zweit unterwegs.

Der höchste Punkt des Parks ist eine Aussichtsplattform, die 23 Meter über dem Boden liegt. Der Kletterbaum mit den künstlichen Griffen, der im Eingangsbereich steht, bietet eine gute Gelegenheit, beim Klettern sicherer zu werden. Ein weiteres Highlight befindet sich auf dem Kinderparcours: die lange Seilbahn. Welch ein Spass, von einem Baum zum nächsten zu sausen! Ja, im ROPETECH Seilpark kann man seine Abenteuerlust so richtig ausleben.

TIPP: Nach dem Abenteuer ist ein Picknick auf einer der zahlreichen Sitzbänke im Dählhölzliwald angesagt.

Adresse Thunplatz 17, 3005 Bern, Tel. 031/3510911 (Mo–Fr 11–15 Uhr), www.ropetech.ch // **ÖV** Trams 7, 8, Busse 19, 28, Haltestelle Thunplatz // **Öffnungszeiten** Ende März–Ende Okt. täglich 10–18 Uhr, im Nov. an Wochenenden // ab 4 Jahre

PARCOURS 7
PARCOURS 6
PARCOURS 5
PARCOURS 4
PARCOURS 2
PARCOURS 1

78_DAS RÖSSLI SÄRISWIL

Das kinderfreundliche Restaurant auf dem Land

Manchmal möchte man raus aus der Stadt und an einem schönen Ort auf dem Land essen gehen. Ein ideales Ziel ist das Restaurant «Rössli» in Säriswil. Während sich die Eltern an einem guten Essen erfreuen, können sich die Kinder im Spielzimmer im oberen Stock vergnügen. In der Gaststube Pintli gibt es ein Aquarium mit bunten Zierfischen zu bestaunen. Draussen, gleich neben dem Parkplatz, befinden sich eine Rutsche und eine Schaukel, daneben ein Gehege mit Ziegen und Minipigs. Und zuoberst im Haus darf man – Kinder bitte in Begleitung Erwachsener – das «Kuriosum» besichtigen: eine Sammlung alter Kostbarkeiten wie Näh- und Schreibmaschinen, Glocken und Kaffeemühlen.

Lustige Ausmalbilder, um die Zeit, bis das Essen kommt, zu überbrücken, sind eine Selbstverständlichkeit. Ebenso wie Hochstühle, Wickeltisch, Babyschalen und eine ansprechende Kinderkarte. Auf dieser stehen beliebte Speisen wie Chicken Nuggets, Rahmschnitzel, Pommes und Glace. Bis zum Alter von elf Jahren erhalten die Kinder sämtliche Speisen von der Erwachsenen-Karte zum halben Preis. Das «Rössli» ist ein Restaurant, in dem Kinder nicht nur geduldet, sondern willkommen sind.

Eine Geschichte gibt es noch zu erzählen, die von Fritz: Im Familienbetrieb «Rössli», der seit 1887 existiert, reiht sich nämlich ein Fritz an den anderen. Heute betreibt die fünfte Generation das Restaurant, das Wirtepaar Fritz und Marina Kaufmann. Und die sechste steht schon bereit: der kleine Fritz Theo und seine Schwester Elisa Christina.

Adresse Staatsstrasse 125, 3049 Säriswil, Tel. 031/8293373, www.roessli-saeriswil.ch // **ÖV** Postauto 102, Haltestelle Säriswil Dorf // **Anfahrt** von Bern-Neufeld über Uettligen nach Säriswil // **Öffnungszeiten** Mi–Sa 9–23 Uhr, So 10–17 Uhr // für jedes Alter

TIPP: Die wunderschöne Gegend eignet sich gut für Spaziergänge.

79_DER SANDSTEIN-ELEFANT

Das Naturwunder von Geristein

Steht da tatsächlich ein Elefant? Ja, das kann man so sagen. Jedenfalls hat dieser grosse Sandstein am Hügel beim Weiler Geristein bei Bolligen eine Form, die einem Elefanten sehr nahekommt. Es sieht aus, als würde der imposante Geselle den Hang hochgehen und dabei seinen Rüssel eingraben. Am besten ist der Elefant im Winter oder im frühen Frühling auszumachen, wenn es an den Bäumen nicht allzu viele Blätter hat.

Vom Parkplatz aus schlägt man den Weg über die schmale Strasse ein, die nicht stark befahren ist. In der Kurve nach dem einzigen Bauernhof erkennt man den Elefanten am besten. Das Tier aus Sandstein ist Teil einer uralten Erosionslandschaft, welche der letzten Eiszeit zu verdanken ist. Der Wind und vor allem das Wasser, das in grossen Mengen hier durchfloss, formten den Sandstein in vielen, vielen Jahren. Dass die an einen Elefanten erinnernde Gestalt so stehen blieb, ist Zufall und hat mit der inneren Struktur des Steins zu tun.

TIPP: Im nahen Krauchthal lässt sich ein Sandsteinpfad erwandern (www.krauchthal.ch/sandsteinpfad).

Ein kleiner, aber nicht ungefährlicher Weg führt zum Elefanten. Er ist nur bei trockener Witterung und für Erwachsene zu empfehlen. Mit Kindern betrachtet man den Elefanten besser von der Strasse aus und wandert auf derselben weiter. Denn das Abenteuer ist noch nicht zu Ende: Geht man auf der kleinen Strasse weiter, mündet sie in einen Weg, der zur Burgruine Geristein führt. Hier ist ein herrlicher Platz zum Spielen und Picknicken. Aber Vorsicht: Das Gelände rund um die Ruine fällt steil ab.

Adresse 3065 Geristein bei Bolligen // **ÖV** Bus 451, Haltestelle Bolligen, Lutzeren // **Anfahrt** von Bolligen Richtung Krauchthal, bei der Bushaltestelle Lutzeren rechts zum Parkplatz (Harnischhut) abbiegen, von dort circa 20 Minuten Fussweg // ab 4 Jahre

80_DER SCHILDKRÖTEN-GARTEN

Erstaunliches in der Quartier-Apotheke

Da sonnen sie sich, die griechischen Landschildkröten. Seit Jahrzehnten wohnen sie im Garten der Zähringer Apotheke Ballinari und sind ein Magnet für Kinder. An schönen Tagen beugen sich Mädchen und Jungen über das Mäuerchen, beobachten, wie die gemütlichen Tiere durch das Gras marschieren, übereinanderklettern und Salat fressen.

Der Apotheken-Inhaber Silvio Ballinari übernahm die Schildkröten samt Geschäft Anfang der 80er Jahre von seinem Vater. Dieser wiederum hatte das Haus 1944 gekauft und sich kurze Zeit später drei griechische Landschildkröten angeschafft. Mittlerweile leben fast 30 dieser Tiere hier. Einerseits weil sie Nachwuchs bekamen, andererseits weil oftmals Schildkröten in der Apotheke abgegeben wurden. Nicht alle Leute sind sich bewusst, dass diese Tiere bis zu 100 Jahre alt werden können. Bei den Ballinaris sind sie in guten Händen. Pharma-Assistentinnen, Lehrtöchter und die Nichten des Apothekers kümmern sich um ihre Pflege und Fütterung.

Weil es die Schildkröten warm und trocken mögen, wird man sie an kühlen, regnerischen Tagen nicht sehen. Kaum scheint aber die Sonne, kriechen sie unter dem alten Filzteppich, der ihnen als Höhle dient, hervor. Jedenfalls im Sommerhalbjahr. Denn die Regel zur Schildkröten-Besichtigung lautet: Spriessen die Blätter im Frühjahr, sind die Tiere zu beobachten. Fallen die Blätter von den Bäumen, gehen sie in den Winterschlaf.

> **Adresse** Zähringer Apotheke Ballinari, Gesellschaftsstrasse 36, 3012 Bern, www.apotheke-ballinari.ch // **ÖV** Bus 20, Haltestelle Mittelstrasse // **Öffnungszeiten** bei schönem Wetter in der warmen Jahreszeit, Garten von der Strasse aus frei zugänglich // für jedes Alter

TIPP: In der Bücher-Brocky an der Länggassstrasse 46 gibt es eine grosse Auswahl an Kinderbüchern.

81_DAS SCHLOSS JEGENSTORF

Auf der Suche nach den roten Koffern

Einst war dieses Schloss eine mittelalterliche Wasserburg. Im Jahr 1720 wurde es zu einem eleganten Barock-Landsitz umgebaut, und seit 1936 ist es öffentlich zugänglich. Heute befindet sich in seinen Mauern das Museum für bernische Wohnkultur. Das ist auch für Kinder spannend!

Sie bekommen eine Entdeckerkarte, die zu einer Reise durch die Räume des alten Gebäudes einlädt. Dort, wo rote Punkte eingezeichnet sind, ist ein roter Koffer mit Aufgaben und Rätseln versteckt. Während die Eltern die prächtigen Interieurs aus bürgerlichen und patrizischen Haushalten des alten Bern betrachten, können die Kleinen im Schlafzimmer Perücken aufsetzen oder in der Küche an Riechdosen, die mit Gewürzen wie Zimt, Safran und Muskat gefüllt sind, schnuppern. Und dort, wo Jagdtrophäen die Wände zieren, warten Schleichtiere im roten Koffer. Wer kann sie dem richtigen Geweih zuordnen?

Beim Aufgang zum Turm lauschen die Kinder auf einer langen Sitzbank mit Kopfhörern Märchen. Oben angelangt, können sie das Schreiben mit Feder und Tinte üben, das Schloss mit Holzklötzen umbauen oder nach Herzenslust edle Kleider anprobieren. Draussen im Park geht die Entdeckungstour weiter. Der Spaziergang durch die wunderschöne Anlage führt unter anderem zu einem barocken Teich und den zwei ältesten und grössten Platanen im Kanton Bern. Auch dort wartet eine Aufgabe: Mit dem Messband dürfen die Kinder herausfinden, welchen Umfang die Stämme haben. Eins steht fest: In diesem Schloss wird es bestimmt nicht langweilig.

TIPP: Im Schlosscafé gleich nebenan gibt es eine grosse Auswahl an selbst gebackenen Kuchen (Mi–So geöffnet).

Adresse General-Guisanstrasse 5, 3303 Jegenstorf, Tel. 031/7610159, www.schloss-jegenstorf.ch // **ÖV** RBS oder S8, Haltestelle Jegenstorf // **Öffnungszeiten** Museum: Mai – Okt. Di – Sa 13.30 – 17.30 Uhr, So 11 – 17.30 Uhr; Schlosspark: Sommer täglich 8 – 22 Uhr, Winter täglich 8 – 18 Uhr // ab 5 Jahre

82_DER SCHLOSSPARK BÜMPLIZ

Ein versteckter Garten und eine Esche mit Krücken

Manchmal sucht man mit Kindern einen Moment der Ruhe. Dafür bietet sich der Schlosspark Bümpliz an. Der versteckte Garten hinter dem Neuen Schloss Bümpliz ist ein Ort zum Durchatmen. Man kann sich auf eine der Bänke setzen und über den Teich mit der geschwungenen Beckenform blicken, aus dessen Mitte eine Wasserfontäne sprudelt. Oder man breitet eine Decke auf dem Rasen aus und picknickt. Dabei kann man die alten Bäume betrachten. Unter anderem stehen hier eine Sommer- und eine Winterlinde, eine Blutbuche und ein Maulbeerbaum.

Etwas Besonderes ist die riesige Blumenesche mit dem schiefen Stamm am Rand der Wiese. Der Baum verlor vor einigen Jahren seinen Hauptstamm. Der schief wachsende Seitenstamm war fortan auf sich allein gestellt. Weil er dem Licht entgegenwächst, geriet er mehr und mehr in Schieflage. Man befürchtete, dass er umstürzen könnte, und fragte Baumpfleger um Rat. Zum Glück konnten sie den Baum retten. Mit Hilfe von grossen Baumstützen aus Holz sicherten sie den schrägen Stamm. So kommt es, dass die alte Blumenesche nun Krücken hat.

Die barocke Parkanlage beim Neuen Schloss Bümpliz, die ins Jahr 1742 zurückgeht, bietet den perfekten Hintergrund für Hochzeitsfotos, denn das Schloss ist ein beliebter Ort für zivile Trauungen. Bevor man den lauschigen Park wieder durch die stattliche Allee verlässt, lohnt es sich, einen Blick in den wunderschönen, mit Rosen bestückten Garten auf der Seite des Schlosses zu werfen.

Adresse Bümplizstrasse 97, 3018 Bern // **ÖV** S1, S2, S51, S52, Tram 7, weiter mit Bus 27, Haltestelle Schloss Bümpliz // für jedes Alter

TIPP: Im Alten Schloss Bümpliz mit seinem Wassergraben befindet sich das Restaurant Schloss Bümpliz (www.restaurant-schloss-buempliz.ch).

83_DER SCHNÄGG

Der kleine Hügel mit den vielen Namen

Das ist wirklich ein lustiger Hügel. Um ihn zu erreichen, muss man ihn ein paarmal umrunden. Denn der Weg, der zu ihm hinaufführt, ist spiralförmig angelegt. Und so kommt der Hügel zu dem Namen Schnecke, auf Berndeutsch «Schnägg». Im Laufe der Zeit hatte er noch weitere Namen: Mal wurde er Schneckenhübeli genannt, mal Schneckenhubel oder auch Schneckenbühl. 1940 wurde ihm der Name «Otto-von-Greyerz-Hubel» verliehen. Auf diese Idee war man gekommen, weil die Familie des Berner Sprachwissenschaftlers und Dichters einst im Schöngrün-Quartier gewohnt hatte. Sogar der gepflasterte, von Hecken umrahmte Weg auf den Schnägg hat einen eigenen Namen. 2001 benannte ihn der Gemeinderat nach einem Werk des Berner Malers Paul Klee: «Luft-Station». Das passt in zweierlei Hinsicht: Zum einen befindet sich der Schnägg unweit des Zentrum Paul Klee. Zum anderen bietet sich von hier oben eine beeindruckende Aussicht auf den Schosshaldenfriedhof, die Stadt und die Berner Alpen. Hat man diese genossen, kann man sich für eine Weile gemütlich auf die Bank unter dem Baum setzen.

Die Entstehungsgeschichte des Schnägg ist nicht abschliessend erforscht. Aufgrund alter Stadtpläne wird aber vermutet, dass um 1900 bereits ein Aussichtshügel angelegt wurde. Zu Füssen des Schnägg, gleich neben dem Zentrum Paul Klee, steht die Villa Schöngrün. Das denkmalgeschützte Haus, das an die Sommersitze der Berner Adeligen erinnert, beheimatet heute ein Restaurant.

TIPP: Im Kunstkiosk des Kindermuseums Creaviva im Zentrum Paul Klee kann man das Material-Kit «Spiralweg» kaufen, eine kurze, interaktive Entdeckungstour mit fünf Aussenstationen.

Adresse neben dem Restaurant Schöngrün, Monument im Fruchtland 1, 3006 Bern // **ÖV** Bus 12, Haltestelle Zentrum Paul Klee, vor dem Parkplatz die Strasse hoch, dann links // für jedes Alter

84_DAS SCHNIPPE DI SCHNAPP

Ein Bastelatelier für Klein und Gross

Fröhlich sieht es aus in diesem Atelier. Auf einem der Tische stehen eine Giraffe aus Holz, eine bunte Steckblume und eine genähte Eule. Auf dem Regal reihen sich Gläser mit Perlen aneinander, an der Wand hängen Malschürzen mit Farbklecksen. Im Bastelatelier Schnippe di Schnapp sind kleine und grosse Menschen willkommen, die Freude am Werken, Malen, Drucken, Modellieren, Nähen und Holzbearbeiten haben.

Die Angebote sind vielfältig. In einzeln buchbaren Workshops, die auf der Website aufgeführt sind, können Kinder zum Beispiel mit Holz, Papier, Stoff oder einer Modelliermasse arbeiten. Einmal entsteht dabei unter Anleitung ein Windspiel, ein andermal eine Spardose oder ein Jahreszeitenrahmen. Beim Eltern-Kind-Angebot lernen Kinder von zweieinhalb bis fünf Jahren gemeinsam mit ihren Begleitpersonen verschiedene Materialien kennen und experimentieren mit ihnen. Dabei wird die Wahrnehmung geschult und die Feinmotorik gefördert. Und in einem Gestaltungskurs eignen sich Kinder ab dem Kindergartenalter verschiedene Techniken an und arbeiten über längere Zeit an einem Objekt.

TIPP: Sommers lohnt sich ein Spaziergang an die Marzilistrasse 32: Dort gibt es eine Filiale der Gelateria di Berna.

Das Bastelatelier Schnippe di Schnapp wird seit 2011 von der Zeichenlehrerin Anne Graber und der Dekorationsgestalterin und Museologin Jenny Teichert geleitet. Den beiden Frauen ist es ein Anliegen, dass die Kinder spielerisch und ohne Druck neue Kompetenzen erwerben: «Kreativ tätig sein soll von Anfang an Freude bereiten.»

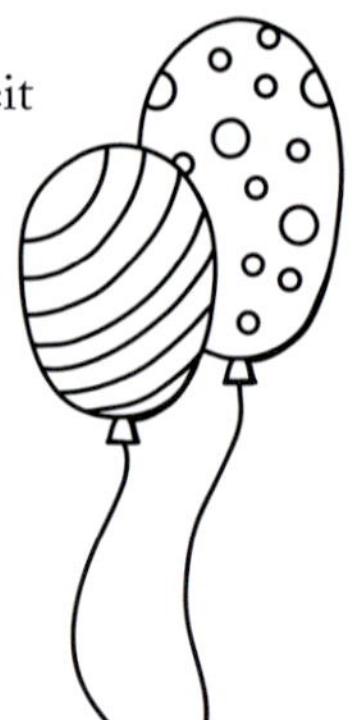

Adresse Weihergasse 7, 3005 Bern, Tel. 076/4485447, www.schnippedischnapp.ch // ÖV circa zehn Minuten Fussweg vom Bahnhof oder mit dem Marzilibähnli ab Bundesterrasse // ab 2,5 Jahre

85_DAS SCHULMUSEUM BERN

Ein Klassenzimmer aus Grossmutters Zeiten

Heute sind die Schulzimmer modern eingerichtet und meist voller bunter Bastelarbeiten. So staunt man nicht schlecht, wenn man das Schulmuseum Bern betritt. Hier gibt es ein Klassenzimmer aus den 50er Jahren. Dieser Raum mit den hölzernen Pulten und Bänken, der Schiefertafel und den Bambusstöcken lässt einen in eine andere Zeit eintauchen. Man darf sich auf eine Bank setzen und das Schülerpult inspizieren. Darauf stehen eine Schachtel mit Griffel und Feder und ein Tintenfass mit einem Tintenlappen. Hebt man den Pultdeckel, entdeckt man Bücher und Hefte, einen Zählrahmen und einen Kasten mit Zählklötzen. So lernten die Kinder anno dazumal.

Stets sind freiwillige Mitarbeitende im Museum – meist sind es ehemalige Lehrpersonen –, die gern von früher erzählen. Auf Anmeldung kann man eine historische Schullektion buchen, um zu erleben, wie es zu Grossmutters Zeiten zuging. Im oberen Stock finden wechselnde Ausstellungen zu aktuellen Schulthemen statt. Denn das Museum blickt nicht nur in die Vergangenheit, es beleuchtet auch die Gegenwart und die Zukunft der Schule.

Das Museum, das 2008 eröffnet wurde und von der Stiftung Schulmuseum getragen wird, besitzt eine umfassende Sammlung von Objekten zur Schweizer Schulgeschichte. 1961 begann der Könizer Lehrer Kurt Hofer, Material aus 400 Jahren zusammenzutragen. Mittlerweile befinden sich über 60.000 Gegenstände, darunter Bücher, Schülerhefte, Vorbereitungsarbeiten von Lehrpersonen, Möbel, 3-D-Objekte und Geräte, im Schulmuseum.

Adresse Muhlernstrasse 9, 3098 Köniz, www.schulmuseumbern.ch // ÖV Bus 10, Haltestelle Köniz Schloss // Öffnungszeiten Mi und Sa 14–17 Uhr, Führungen auf Anmeldung // ab 6 Jahre

TIPP: Das Schlossareal Köniz, auf dem sich das Museum befindet, ist ein lebendiger Kultur- und Begegnungsort. Gleich nebenan liegt der wunderschöne Schlosspark.

86_DAS SCHÜTZENMUSEUM

Luftgewehrschiessen auf der «Kleider Frey»-Anlage

Kinder lieben es, mit einem Ball auf Büchsen zu schiessen. Oder beim Dartspiel den Pfeil auf die Zielscheibe zu werfen. Wer trifft wie gut? Das ist auch die Frage im Schweizer Schützenmuseum

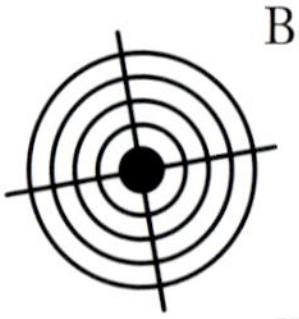

Bern. Hier steht nämlich eine historische Luftgewehr-Schiessanlage, die man mit Kindern ab sieben Jahren auf Anfrage und unter Aufsicht benutzen darf. Eine Zielscheibe mit fünf Punkten wird eingelegt, das Gewehr geladen – und los geht's! Jetzt heisst es, sich gut zu positionieren und das Ziel zu fokussieren. Kann man das Gewehr so ruhig halten, dass das Kügelchen ins Schwarze trifft? Als Preis erhalten die mutigen Kinder ein sogenanntes Kranzabzeichen, die Auszeichnung für siegreiche Schützen.

Die Schiessanlage hat eine spannende Geschichte, die mit dem ehemaligen Herrenmodegeschäft «Kleider Frey» zu tun hat. Dort wurde 1952 in diversen Filialen eine Luftgewehranlage installiert. Die Idee dahinter war, dass die Eltern einkaufen und die Kinder derweil ausprobieren konnten, wie treffsicher sie waren. Seit 1989 befindet sich die Luftgewehranlage, die einst bei «Kleider Frey» in Olten stand, im Schweizer Schützenmuseum in Bern.

TIPP: Unweit des Museums, auf dem Helvetiaplatz, befindet sich das grosse Welttelegrafen-Denkmal mit einem Brunnen.

Bevor die Museumsbesucher zu dieser originalen Luftgewehranlage gelangen, bekommen sie einen Einblick in die Geschichte des Schiesssports. Ausgestellt sind nicht nur Pfeil und Bogen, Armbrust und Schusswaffen, sondern auch Medaillen, Pokale und Fahnen. Für Kinder gibt es zudem einen Rätsel-Trail mit Freddy, dem 200-jährigen Hausgeist.

Adresse Bernastrasse 5, 3005 Bern, Tel. 031/3510127, www.schuetzenmuseum.ch // **ÖV** Trams 6, 7, 8 oder Bus 19, Haltestelle Helvetiaplatz // **Öffnungszeiten** Di – So 14 – 17 Uhr // ab 7 Jahre

87_DER SEILTÄNZERBÄR

Ein Bär ohne Höhenangst

Beim Bärengraben sind immer viele Menschen unterwegs. Meistens werfen sie zuerst einen Blick in den alten gemauerten Graben, wo früher Berns Bären zu Hause waren. Da dort heutzutage jedoch keine Bären mehr wohnen, zieht es sie weiter zum Gelände auf der Aareseite. Von hier aus hat man die beste Sicht auf den BärenPark, der sich auf 6.000 Quadratmetern über den Hang oberhalb der Aare erstreckt. Sind die drei Braunbären, die hier leben, nicht gerade in der Winterruhe, hat man gute Chancen, den einen oder anderen von ihnen zu erspähen.

Doch es gibt noch einen vierten Bären beim Bärengraben. Einen, der keine Winterruhe hält. Um ihn zu sehen, muss man den Kopf in den Nacken legen und in den Himmel schauen. Tatsächlich: Hoch oben auf einem Drahtseil tanzt ein Bär! Dieser «Balancierende Bär» wurde 1986 vom Künstler Carlo Lischetti (1946–2005) erschaffen. Zuerst tanzte er leichtfüssig über den belebten Bahnhofplatz.

TIPP: Vom Bärengraben aus kann man zum wunderschönen Rosengarten hinaufspazieren.

Im Jahr 2009, als Berns Bären endlich aus dem Graben in den grosszügigen BärenPark ziehen durften, wurde der Seiltänzerbär vom Bahnhof zum Bärengraben verlegt. Und hier balanciert er immer noch. Nichts scheint ihn dabei aus dem Gleichgewicht zu bringen. Aber bestimmt freut er sich, ab und zu einen Blick auf die drei Braunbären Björk, Finn und Ursina, die im BärenPark unterwegs sind, erhaschen zu können. Was diese wohl von ihrem Kollegen halten, der bei Regen, Wind und Sonne auf dem hohen Seil steht und die Welt von oben betrachtet?

Adresse Grosser Muristalden 4, 3006 Bern // ÖV Bus 12, Haltestelle Bärenpark // für jedes Alter

88_DAS SENSORIUM

Ein Fest für alle Sinne

Die Klangschale ist so gross, dass man sich in sie hineinsetzen kann. Berührt dann ein anderer die Schale mit dem Klöppel, spürt der Sitzende die Vibration am ganzen Körper. Ein eindrückliches Erlebnis. Das Sensorium bietet unzählige davon. Es ist ein Ort der Töne, Farben, Schwingungen und Düfte. Ausprobieren ist hier ausdrücklich erwünscht. Denn nur so kann man tief in die Welt der Sinne eintauchen und sie am eigenen Körper erfahren.

Bei der rotierenden Spiralscheibe begegnet man optischen Phänomenen. An anderen der insgesamt 80 Stationen spürt man die Schwingungen eines Gongschlags, guckt durch ein riesiges Kaleidoskop, schaukelt in einem Korb oder geniesst die beruhigende Wirkung der Luftblasen, die auf Knopfdruck in einem durchsichtigen Turm aufsteigen. Beim Barfussweg heisst es: Schuhe und Socken ausziehen, die Augen schliessen und sich von jemandem über Sand, Wolle, Steine und Korkzapfen führen lassen.

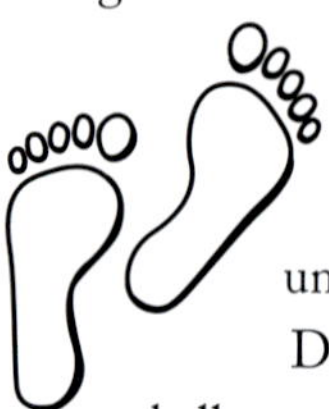

Das Sensorium wurde nach den Ideen von Hugo Kükelhaus, einem deutschen Tischler, Lehrer, Philosophen und Künstler, entwickelt. Er wollte die Menschen in einer immer technisierteren Welt spüren lassen, «wie das Auge sieht, das Ohr hört, die Nase riecht, die Haut fühlt, die Finger tasten, der Fuss versteht, die Hand begreift, das Gehirn denkt, die Lunge atmet, das Blut pulst, der Körper schwingt». Seit 2004 gehört das Sensorium zur Stiftung Rüttihubelbad in Walkringen. Die idyllische Lage des Museums eignet sich ideal, um hier mit der ganzen Familie einen Tag zu verbringen.

TIPP: In der Stiftung Rüttihubelbad gleich nebenan gibt es ein Hotel, ein Restaurant und ein Café. Im Sommer bietet sich der Garten mit zwei Grillstellen und einem grossen Spielplatz zum gemütlichen Picknicken an.

Adresse Rüttihubel 29, 3512 Walkringen, Tel. 031/7008585 www.sensorium.ch // **ÖV** mit dem Zug von Bern nach Worb Dorf, dann Bus bis Haltestelle Rüttihubelbad, von dort circa zehn Minuten Fussmarsch // **Anfahrt** von Bern über Worb nach Enggistein, Abzweigung links nach Rüttihubelbad, grosser Parkplatz vor Ort // **Öffnungszeiten** 1. April–31. Okt. Di–Fr 9–17 Uhr, Sa und So 10–17 Uhr; 1. Nov.–31. März Mi–So 10–17 Uhr // ab 5 Jahre

89_DIE SKULPTUR «KOPFLOS»

Hoppla, diese Beine sind aber unvorsichtig!

Wie kommen bloss diese Beine dahin? Sind sie jemandem davongelaufen? Wo ist der Kopf, der zu ihnen gehört? Der Bauch? Wo sind die Arme? Und warum haben sie nur je vier Zehen an ihren Füssen? Fragen über Fragen. Nur eins ist sicher: Diese Beine sind unvorsichtig! Sie machen nämlich gerade einen ziemlich gefährlichen Schritt vom Trottoir hinunter. Aber klar, die Beine können ohne Kopf ja nichts sehen. Und somit wissen sie nicht, wie viele Trams hier vorbeifahren.

Die Bronzeskulptur, die am Casinoplatz steht, trägt den Namen «Kopflos» und ist das Werk des Berner Künstlers Luciano Andreani (geboren 1947). Von 1986 bis 2007 stand sie auf dem Bahnhofplatz. Als dieser umgebaut wurde, bewahrte man sie vorübergehend in einem Depot auf. Da sich «Kopflos» bei den Einheimischen grosser Beliebtheit erfreute, äusserten viele den Wunsch, die Skulptur nach dem Umbau wieder aufzustellen. Schliesslich fand sie am Casinoplatz eine neue Bleibe.

Luciano Andreani erschuf nebst «Kopflos» auch den «Speier», der früher an der Münstergasse in Betrieb war. Auf der Höhe der Hausnummer 39 waren drei Fünffrankenstücke am Boden befestigt. Wer versuchte, sie aufzuheben, wurde von einem Wasserstrahl des Gassenspuckers oben auf dem Dach nass gespritzt. Die Installation ist heute noch zu sehen, aber leider nicht mehr in Betrieb.

TIPP: Im Restaurant Casino Bern gibt es am letzten Sonntag des Monats einen Blunch, die Kombination von Brunch und Lunch – inklusive Kinderbetreuung (www.casinobern.ch).

Adresse am Casinoplatz vor der Tramhaltestelle Richtung Kirchenfeldbrücke, 3011 Bern // ÖV Trams 6, 7, 8, Haltestelle Zytglogge // für jedes Alter

90_DER SODBRUNNEN

Ein Blick in die Tiefe

Wer traut sich, hier hinunterzugucken? Der Sodbrunnen im Nydegghof ist ganz schön tief. 20 Meter geht es in einen runden Schacht hinab. Früher schöpften die Menschen das Aare-Grundwasser aus diesem Brunnen. Denn damals konnte man nicht einfach den Hahn aufdrehen, sich die Hände waschen, Wasser trinken oder damit kochen. Sodbrunnen dienten zur Trinkwasserversorgung und waren in einer Stadt lebenswichtig.

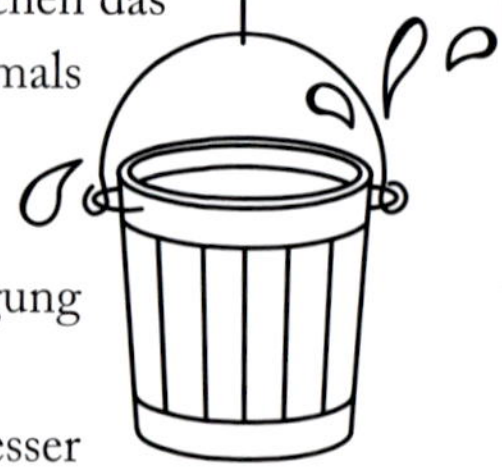

Heute ist der Brunnen, der oben einen Durchmesser von 1,8 Metern hat, mit einem Gitter gesichert. Wer noch nicht gross genug ist, um über den Brunnenrand zu gucken, nimmt am besten einen der schweren roten Stühle zu Hilfe, die meist im Nydegghof herumstehen. So können auch kleinere Kinder, wenn eine erwachsene Person dabei ist, in den tiefen, dunklen Schacht blicken. Ein bisschen unheimlich ist das schon. Denn 20 Meter sind viel. Etwa so viel wie vier Giraffen hoch wären, wenn sie übereinanderstehen würden.

Der Platz rund um den Nydegghof war früher sehr wichtig. Im Mittelalter war hier von den Zähringern eine Burg errichtet worden. So wollten sie den Aareübergang sichern und die Stadt schützen. Der Sodbrunnen wurde vor allem von den Burgbewohnern genutzt. Unweit des Brunnens steht eine Statue von Herzog Berchtold V. von Zähringen. Dieser Mann gründete im Jahr 1191 die Stadt Bern.

Adresse Nydegghof, 3011 Bern // ÖV Bus 12, Haltestelle Nydegg // ab 4 Jahre

TIPP: Hinter dem Sodbrunnen führt die Burgtreppe, eine ziemlich geheimnisvolle Holztreppe, ins Mattequartier hinunter.

91_DER SPIELPLATZ LÄNGMUUR

Anregende Spielwelt an der Aare

Der grosse Esel aus Holz zieht die Kinder sofort in Bann. Mit seinen Reifenohren, seiner Besenmähne und einem Planwagen im Schlepptau steht er stoisch auf dem Spielplatz Längmuur. Wohin seine nächste Reise wohl gehen mag? Der Esel ist ein schönes Beispiel für die Philosophie dieses Spielplatzes. Hier will man den Kindern vorleben, wie man sorgsam mit Ressourcen umgeht. Deshalb wird alles, was kaputtgeht, repariert und Material verwendet, das anderswo weggeworfen würde.

Auf dem Spielplatz, der von Mittwoch bis Samstag am Nachmittag betreut wird, gibt es eine alte Gondel, einen Helikopter aus Recycling-Material und ein Boot, das zum Piratenschiff umfunktioniert wurde. Ausserdem warten ein Holzturm mit Rutsche, eine Berg-Tal-Bahn, eine Boulderwand, eine Wasserpumpe, eine Schaukel und ein Pumptrack auf kleine Besucher. Im vorderen Bereich findet man einen Fussballkasten und eine Werkstatt, in der die Kinder zu den betreuten Zeiten tätig sein dürfen. Dann wird auch um 16 Uhr ein Zvieri angeboten und für die Begleitpersonen eine Tasse Kaffee.

Der Spielplatz Längmuur, der hinter dem Läuferplatz an der Aare liegt, ist der älteste Aktivspielplatz von Bern. Bis in die 1960er Jahre war hier ein Turnplatz für Schulen beheimatet. In den 1970er Jahren wurde der Verein Spielplatz Langmur gegründet, der sich zum Ziel setzte, den Platz mit einfachen Mitteln zu einem kindgerechten Ort umzugestalten. Mittlerweile wird der Spielplatz vom DOK betreut, dem Dachverband für offene Arbeit mit Kindern in der Stadt Bern.

Adresse Langmauerweg 20A, 3011 Bern // ÖV Bus 12, Haltestelle Nydegg, von dort circa zehn Minuten Fussweg // Öffnungszeiten Betreuung März–Okt. Mi–Sa 14–18 Uhr, Nov. und Dez. 14–17.30 Uhr // für jedes Alter

TIPP: Wenige Gehminuten entfernt, gleich neben dem Läuferplatz, befindet sich die Untertorbrücke. Sie ist die älteste Brücke der Stadt Bern.

92_DER SPIELPLATZ SCHÜTZENWEG

Wo der Kreativität keine Grenzen gesetzt sind

Hier gibt es so viele Möglichkeiten, dass man fast nicht weiss, wo man beginnen soll. Vielleicht als Pirat auf dem Schiff, dessen Mast man erklimmen kann? Als Pilot im grossen Flugzeug, wo es sich zum Abschluss aus der Seitentür auf eine weiche Matte springen lässt? Will man sich ans Steuer eines alten Autos setzen? Oder beim Brunnentrog mit dem Bachlauf nach Herzenslust planschen?

Der Spielplatz Schützenweg im Breitenrainquartier ist ein sogenannter Aktivspielplatz. Mit diversen Angeboten will der Dachverband für offene Arbeit mit Kindern in der Stadt Bern, kurz DOK, vielfältige Erfahrungsräume für Kinder schaffen. An Orten, an denen sie sich wohlfühlen und kreativ tätig sein dürfen, gewinnen die Kinder Selbstvertrauen und können sich körperlich, geistig und sozial gesund entwickeln.

Von Dienstag bis Samstag wird der Spielplatz am Nachmittag betreut. Dann kann man verschiedenes Spielmaterial ausleihen und die Werkstatt benutzen. Die Kinder erhalten Anregungen und Unterstützung und etwas zum Zvieri. Übers Jahr finden diverse Projekte wie Theaterspielen, ein Filzatelier, Seifenkistenbauen und ein Spielfest statt. Die Kinder dürfen auch ihre eigenen Ideen einbringen. Haben sie zum Beispiel den Wunsch, einen Drachen steigen zu lassen, bekommen sie in der Werkstatt die nötige Hilfe, um diesen eigenhändig zu basteln.

TIPP: Lust auf ein Znüni oder Zvieri aus der Bäckerei? An der Moserstrasse 50, fünf Minuten zu Fuss vom Spielplatz entfernt, liegt die Bäckerei Bohnenblust (www.baeckerei-bohnenblust.ch).

Adresse Allmendstrasse 21, 3014 Bern, www.spieleninbern.ch // **ÖV** Tram 9, Haltestelle Breitenrain, von dort zehn Minuten Fussweg // **Öffnungszeiten** ganzjährig, betreute Zeiten Di–Sa 14–18 Uhr // für jedes Alter

93_DER SPIELPLATZ WINTERHALDE

Viel Natur und im Winter ein Hang zum Schlitteln

Dieser naturnahe Ort beweist, dass Spielplätze nicht immer mit unzähligen Geräten bestückt sein müssen. Denn manchmal ist weniger mehr. Ein schlichter hölzerner Turm, der in seinem Inneren mit Seilen bespannt ist, lädt zum Klettern ein. Wer es bis zu der kleinen Plattform schafft, wird mit einer tollen Aussicht belohnt. Aus einem Felsbrocken in Form des Eigers ragt ein Wasserhahn, der zum Spielen mit Sand, Erde und Wasser anregt. Bei der Planung des Spielplatzes Winterhalde durften Kinder und Erwachsene aus dem Quartier ihre Ideen einbringen und sogar beim Bauen mithelfen.

Auch ein kleiner Velospielplatz sowie eine Brätlistelle mit einem Picknicktisch wurden realisiert. Nebenan befindet sich eine richtig grosse Wiese zum Herumtollen und Fussballspielen. Zum nahen kleinen Wald hin wird das Gelände immer steiler. Im Winter, wenn zwischendurch mal genügend Schnee liegt, bietet der Hang eine herrliche Gelegenheit zum ungefährlichen Schlitteln.

Im hinteren Bereich können die Kinder erfahren, was Biodiversität bedeutet. Hier existiert eine naturbelassene Landschaft mit Wildhecke, kleinem Flachweiher und Tümpeln. Dort leben unter anderem die gefährdeten Kreuzkröten und Gelbbauchunken. Die Asthaufen, die beim Rückschnitt der Hecken und Bäume liegen gelassen werden, bieten Lebensraum für Tiere wie Käfer, Eidechsen und Igel.

TIPP: Durchquert man den kleinen Wald oberhalb des Spielplatzes, gelangt man auf ein schönes Plateau mit Sicht übers Feld und einer Brätlistelle am Waldrand.

Adresse Winterfeldweg, schräg vis-à-vis dem Schulhaus Stapfenacker, 3018 Bern // ÖV S51, Tram 7, Bus 101, weiter mit Bus 27, Haltestelle Stapfenacker // für jedes Alter

94_DAS SPIELZEUGMUSEUM

Eine wundersame Reise in die Vergangenheit

Das Schönste sind die Details. Der Storch auf dem Kamin des Bauernhofs und das Eisbärenfell, das vor dem Cheminée liegt. Das Klavier und die Badewanne, die Nähmaschine und der Schminktisch. Alles in Miniaturformat. Betritt man das Spielzeugmuseum in Münchenbuchsee, taucht man in die Vergangenheit ein. Unzählige Puppenhäuser gibt es hier zu betrachten, Krämerläden, Bauernhöfe, Ritterburgen, eine Arche Noah mit vielen Tierpaaren, eine Bärenschule, eine Lotterie und eine Tankstelle.

Das liebevoll eingerichtete Museum bringt Gross und Klein zum Staunen. Und zum genauen Hinschauen. Wer entdeckt die kleine Eierschachtel? Und wer die Torte? Auch antike Puppen sind zu sehen, Holz- und Blechspielzeuge, und zwischendurch trifft man alte Bekannte wie das Rössli Hü und sogar Harry Potter mit seinen Legosets.

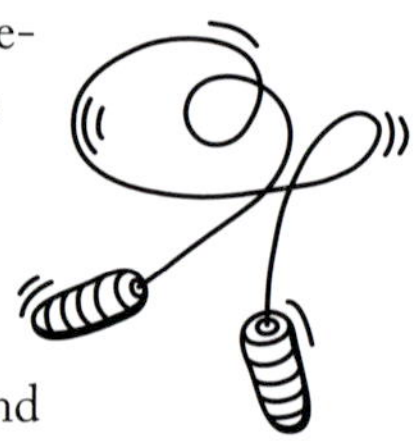

«Wir möchten einen Querschnitt durch die Spielzeugwelt vergangener Zeiten zeigen», sagen Arlette und Gerd Dietrich. Seit Jahrzehnten sammeln die beiden mit Leidenschaft nostalgische Puppenstuben und Spielsachen. Viele der ausgestellten Objekte entdeckten sie auf Flohmärkten in der Schweiz, in Deutschland und Frankreich. Irgendwann war die Sammlung so gross, dass sie beschlossen, sie der Öffentlichkeit zu präsentieren. 2021 war es so weit, und das Ehepaar eröffnete das Spielzeugmuseum in der ehemaligen Käserei in Münchenbuchsee.

Adresse Oberdorfstrasse 24, 3053 Münchenbuchsee, Tel. 079/5765407, www.spielzeugmuseum-muenchenbuchsee.ch // **ÖV** S1, Haltestelle Münchenbuchsee, von dort zehn Minuten Fussweg // **Anfahrt** von Bern auf der A1 über Schönbühl nach Münchenbuchsee // **Öffnungszeiten** Do 13–17 Uhr und Sa 10–17 Uhr, ausserhalb der Öffnungszeiten auf Anfrage // ab 5 Jahre

TIPP: Nach dem Museumsbesuch kann man im Restaurant Bären Buchsi einkehren. Nachmittags gibt es unter anderem Pommes, Pouletflügeli und hausgemachte Glaces (www.baerenbuchsi.ch).

95_DAS STADTTHEATER

«Bühnen Bern» laden zum Blick hinter die Kulissen

Wer schafft es, diesen riesigen Stein aufzuheben? Ein Junge ergreift ihn mit beiden Händen – und beginnt zu lachen. Dann nimmt er ihn mit Leichtigkeit hoch und balanciert ihn über seinem Kopf. Hat er Zauberkräfte? Nein, der Stein ist aus Styropor. Willkommen im Stadttheater Bern! Bei der Kinderführung «Mit allen Sinnen» kann man einen spannenden Blick hinter die Kulissen werfen.

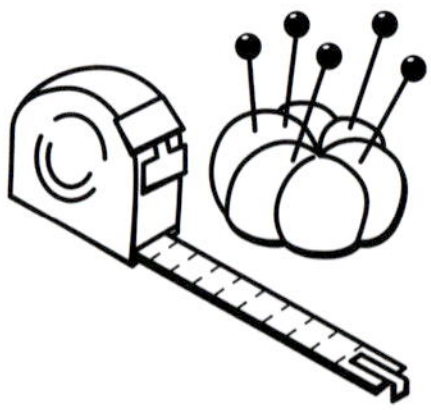

Dort erfahren die Kinder, dass die Requisiten in einem Theater oftmals nicht echt sind. Es gibt Baumstämme aus Styropor und Esswaren aus Stoff. Die Requisiten lagern im Dachstock, und der Gang durch die vielen Regale ist ein wahres Abenteuer. Da liegen riesige Brezeln, Schinken und ein Truthahn, mehrstöckige Torten, eine Riesenschere und eine Riesensäge. An anderen Stationen dürfen die Kinder Perücken und Masken anprobieren, Stoffe befühlen, Scheinwerfer betätigen, sich selbst ins Rampenlicht stellen und Instrumenten lauschen.

Die Führungen, die eineinhalb Stunden dauern und sich für Kinder ab sieben Jahren eignen, variieren stets. Denn nicht immer sind dieselben Räume frei. Manchmal darf man einen Blick in den Bastelraum werfen, manchmal in die Schneiderei, in den Orchestergraben oder in den Ballettsaal. Und wo man auch immer hinkommt: Hinter den Kulissen dieses altehrwürdigen Hauses, das 1903 eröffnet wurde, tun sich spannende Welten auf.

TIPP: Auf dem Kornhausplatz steht der berühmte und ziemlich gruselige Kindlifresserbrunnen.

Heute ist das Stadttheater einer der Spielorte der «Bühnen Bern» und vereint Oper, Schauspiel, Ballett und Konzerte des Berner Symphonieorchesters unter einem Dach.

Adresse Kornhausplatz 20, 3011 Bern, Tel. 031/3295252, www.buehnenbern.ch // **ÖV** Trams 6, 7, 8, 9, Bus 10, 12, 19, 30, Haltestelle Zytglogge // **Öffnungszeiten** Sept.–Juli, Daten der Kinderführungen auf der Website, Anmeldung erforderlich // ab 7 Jahre

96_DIE STERNWARTE GURTEN

Blick in den Nachthimmel auf Berns Hausberg

Dem Himmel ein bisschen näher ist man auf dem Gurten sowieso. Berns Hausberg liegt auf 858 Metern über Meereshöhe, und man erreicht ihn mit einer Standseilbahn. Auf der Gurtenwiese gleich neben dem Gurtengärtli befindet sich eine Sternwarte. Das weisse Kuppelhaus, das sich automatisch öffnen, schliessen und drehen lässt, birgt vier Teleskope: ein grosses und drei kleinere. Jeden Dienstagabend kann man hier, ein gutes Stück vom Licht und Lärm der Stadt entfernt, unter fachkundiger Anleitung Sterne beobachten.

Dabei darf man durch die Teleskope gucken und bekommt die Sternbilder und Himmelsereignisse verständlich erklärt. Die Abende, die für Kinder ab sechs Jahren geeignet sind, finden bei jeder Witterung statt. Ist es bewölkt oder regnerisch, wird ein Ersatzprogramm in einem Seminarraum durchgeführt. Wer die Astronomie mit Gastronomie verbinden will, kann das Angebot «Stärne-Zyschtig» buchen und vorab ein Nachtessen im Restaurant geniessen.

TIPP: Neben der Sternwarte befindet sich das Gurtengärtli mit Blumen, Gemüse und Beeren, wo es im Sommer am Mittwoch- und Sonntagnachmittag betreute Garten-Nachmittage für Kinder gibt.

Das Observatorium war vorher auf dem Monte Generoso im Tessin zu Hause. Da sich die Anfahrt mit der Bergbahn dort ziemlich lang gestaltete und das Hotel abgerissen wurde, rentierte es sich irgendwann nicht mehr. Die Sternwarte wurde zurückgebaut, und die Ferrovia Monte Generoso SA überlegte, wem sie sie schenken könnte. Die Wahl fiel auf den Gurten. Und so steht das weisse Kuppelhaus seit Frühling 2022 auf dem Berner Hausberg und gibt Einblicke in die Geheimnisse des Weltalls.

Adresse Gurten – Park im Grünen, 3084 Wabern, Tel. 031/9703333, www.gurtenpark.ch // **ÖV** Tram 9A, Haltestelle Gurtenbahn; S3, Haltestelle Wabern bei Bern, dann mit der Gurtenbahn hochfahren // **Öffnungszeiten** jeden Dienstagabend öffentliche Beobachtungsabende auf Anmeldung: Sommer 21.45–23.15 Uhr, Winter 21–22.30 Uhr // ab 6 Jahre

97_DER SWISS BIKE PARK

Velospass für die ganze Familie

Mitten in der ländlichen Idylle und doch nicht weit von der Stadt entfernt liegt der Swiss Bike Park. Auf dieser 30.000 Quadratmeter grossen Anlage lassen sich herrliche Stunden mit der Familie verbringen. Der Eintritt ist gratis, einzig eine Parkplatzgebühr hat man zu bezahlen. Velos kann man selbst mitbringen oder vor Ort mieten.

Das Herzstück des Swiss Bike Parks, der 2019 eröffnet wurde, ist der asphaltierte Pumptrack. Hier sind Kinder und Erwachsene mit rollenden Geräten unterwegs, mit Mountainbikes, BMX-Rädern, Skateboards oder Scootern. Spielerisch kann man die Freude am Velofahren wecken und die Geschicklichkeit verbessern. Gleich daneben gibt es eine Miniversion. Dieser Kids Pump Track besteht aus kleineren Wellen und sanften Kurven und eignet sich für Kinder ab drei Jahren. Die Kleinen dürfen diese Anlage mit Likea-Bikes, Trottinetts oder Skateboards befahren.

Weitere Angebote sind eine Tricksprunganlage mit Luftkissen, unterschiedliche Drops, ein Downhill Rock Garden, wo man das Fahren in steinigem Gelände üben kann, Trails mit Stufen und Spitzkehren sowie ein drei Kilometer langer Rundkurs. Die unterschiedlichen Schwierigkeitsgrade für Anfänger, Fortgeschrittene und Könner sind farblich ausgeschildert. Wer genug vom Biken hat, gönnt sich eine Pause. Manchmal hat das Beizli offen, oder aber man picknickt und darf dabei eine der Feuerschalen im Eingangsbereich benutzen.

Adresse Oberriedgässli 6, 3145 Niederscherli, www.swissbikepark.ch // **Anfahrt** über Köniz, Gasel oder Thörishaus zum Weiler Oberried in Niederscherli // **Öffnungszeiten** ganzjährig Mo–Sa 9–18 Uhr, ausserdem zwei So im Monat (Infos siehe Website) // ab 3 Jahre

TIPP: Wer nicht im Bike Park picknicken will, findet in der lieblichen Umgebung bestimmt einen geeigneten Platz.

98_DER SWISS-O-FINDER

Orientierungslaufen für Einsteiger

Da vorne am Zaun ist der Posten! Das kleine orange-weisse Schild ist der Beweis, dass man auf dem Orientierungslauf durch den Dählhölzliwald den richtigen Weg eingeschlagen hat. Vor ein paar Jahren hat der Schweizerische Orientierungslauf-Verband Swiss Orienteering das Projekt «Swiss-O-Finder» ins Leben gerufen. Die Idee war, die Freude am Orientierungslauf zu wecken und ein Angebot zu schaffen, das für Gross und Klein jederzeit zugänglich ist.

In mehreren Städten und Dörfern wurden Bahnen in unterschiedlichen Schwierigkeitsgraden angelegt. In Bern eignet sich für Kinder vor allem die Strecke «Wald und Tiere», die durch den Dählhölzliwald und den Tierpark führt. Auf einer Länge von drei Kilometern gilt es, acht Posten zu finden. Wer es anspruchsvoller mag, begibt sich viereinhalb Kilometer durch die Elfenau «Auf Fürstin Annas Spuren» oder sechseinhalb Kilometer durch den Dählhölzliwald, die Elfenau und das Kirchenfeldquartier.

Auf der Karte, die sich von der Website herunterladen und ausdrucken oder via App auf dem Handy abrufen lässt, sind die Bahnen eingezeichnet. Man startet bei einem beliebigen Posten und läuft die restlichen in der vorgegebenen Reihenfolge ab. Am Schluss wird nochmals der Posten gestempelt, bei dem man gestartet ist. Zum Quittieren eines Postens benutzt man die Swiss-O-Finder-App. Beim Einscannen wird auch die Zeit gemessen. Egal, ob man schnell oder gemütlich unterwegs ist: In erster Linie geht es bei Swiss-O-Finder um den Spass an dieser Sportart, die Laufen und Kopfarbeit verbindet.

Adresse Start zum Beispiel am Thunplatz, 3005 Bern (beim Seilpark ROPETECH), www.swiss-o-finder.ch/stadt-bern // ÖV Trams 7 und 8, Busse 19 und 28, Haltestelle Thunplatz // ab 7 Jahre

TIPP: Wer Lust hat, den Orientierungslauf richtig zu betreiben, kann sich bei der Orientierungslaufgruppe Bern (OLG Bern) melden. Trainiert wird in den Wäldern rund um Bern, Kinder ab zehn Jahren können mitmachen (www.olgbern.ch).

99_DAS THEATER SZENE

Bühnenstücke für Kinder

Das Licht geht aus, es wird still im Raum. «Beginnt es jetzt?», fragt ein Kind aufgeregt. Und wie! Im Theater Szene erlebt man alles hautnah mit. Die Bühne befindet sich auf derselben Ebene wie die vordersten Publikumsplätze. Und es ist genau diese Unmittelbarkeit, die den Funken überspringen lässt. Wenn die Schauspieler sprechen, lachen, singen, tanzen, musizieren und turnen, ist man als Zuschauer mitten im Geschehen.

Das Theater Szene, 1996 von Ernesto Hausmann gegründet, hat sein Programm von Anfang an auf Familienpublikum ausgerichtet. Im Lokal am Rosenweg werden Klassiker wie Das Dschungelbuch und Pippi Langstrumpf aufgeführt, aber auch neue Bühnenstücke mit aktuellen Themen. Ergänzt wird der Spielplan immer wieder durch Eigenproduktionen und Gastspiele. Das kleine Team ist mit viel Engagement dabei und arbeitet mit einfachsten Mitteln. «Das regt die Kinder an, selbst kreativ zu werden», sagen die Betreiber. Im Dschungelbuch etwa haben die Elefanten Köpfe aus Giesskannen, die sie auch gleich zum Trompeten verwenden können.

TIPP: In circa zehn Minuten erreicht man zu Fuss den Steinhölzliwald, wo es Picknick- und Spielplätze gibt.

Auch für die Kleinsten lohnt sich der Besuch im Theater Szene: Im verspielten Stück «Picknick» wird die Geschichte von Nick und Pick mit Bällen und Tüchern erzählt. Im Sommer ist das Theater in einem Bühnenbauwagen unterwegs und spielt unter freiem Himmel in Pärken und auf Bauernhöfen.

Adresse Rosenweg 36, 3007 Bern, Tel. 076/4648737, www.theaterszene.ch // **ÖV** Tram 3, Haltestelle Weissenbühl; Tram 9, Haltestelle Wander, von dort jeweils circa zwei Minuten Fussweg // ab 4 Jahre

100_DER TIERPARK BERN

Über 200 Tierarten zwischen Wald und Aare

Hat man im Tierpark das Vivarium mit den Äffchen, Chamäleons, Echsen, Schlangen und der eindrucksvollen Unterwasserwelt betrachtet, trifft man draussen im Freigelände auf die Moschusochsen. Das sind urige Tiere, die normalerweise in den baumlosen Polargebieten leben. Das lange Haar liegt wie ein Mantel über ihren Schultern, die starken Hörner sind auf der Stirn zu einer dicken Hornplatte verwachsen. Werden die Moschusochsen in der Wildnis von Wölfen angegriffen, nehmen sie die Jungtiere in die Mitte, stellen sich im Kreis auf und senken die Köpfe mit den Hörnern bedrohlich.

In der Eiszeit haben sie noch hierzulande existiert. Heute ist der Tierpark Bern der einzige Schweizer Zoo, in dem man sie sehen kann. Nebst den Moschusochsen gibt es noch unzählige andere Tiere zu entdecken. Über 200 Arten leben hier, zum Beispiel Seehunde, Elche, Leoparden, Wölfe und Braunbären. In den letzten zwei Jahrzehnten wurde viel in eine artgerechte Haltung investiert. Das Motto hiess: Weniger Tiere, dafür mehr Platz.

Im Wald kann man Wisente, die grössten lebenden Landsäugetiere Europas, beobachten. Ein 250 Meter langer, drei bis vier Meter über dem Waldboden liegender Steg führt vom Eulen Bistro aus ins Zentrum der Anlage. Ein Teil des Tierparks kostet keinen Eintritt. So gibt es am Aareufer unter anderem Wildschweine, Pelikane und Steinböcke zu bestaunen. An der Aare befinden sich auch der Kinderzoo mit Ziegen, Minipigs und Ponys, ein Bauernhof-Spielplatz und der Zooshop.

Adresse Tierparkweg 3, 3005 Bern, Tel. 031/3571515, www.tierpark-bern.ch // ÖV Bus 19, Haltestelle Tierpark, von dort circa zehn Minuten Fussweg // Öffnungszeiten März–Mitte Okt. täglich 8.30–19 Uhr, Mitte Okt.–Feb. täglich 9–17 Uhr // für jedes Alter

TIPP: Spannend sind die Fütterungen der Seehunde (genaue Zeiten sind beim Eingang angeschrieben) und der Papageientaucher täglich um 14.30 Uhr.

101_ DAS TROMPE-L'OEIL

Echt oder nicht? Das ist hier die Frage.

Bei diesem Haus muss man zweimal hingucken. Ist die Szene, die sich da abspielt, echt? Aus einem Fenster beugt sich eine blonde Frau. Nebendran steht ein Maler mit Pinsel, und unten am Fenster sitzt ein Künstler. Nein, die Szene ist nicht echt. Es ist eine optische Täuschung, ein sogenanntes Trompe-l'Œil.

Entdecken kann man es, wenn man der Aare entlang von der Matte ins Marzili spaziert. Es ziert die Fassade der «Malerei Hutmacher», die sich schräg unter der Kirchenfeldbrücke befindet. «Das Bild ist zu unserem Markenzeichen geworden», sagt Inhaber Beat Hutmacher. Der traditionelle Familienbetrieb, der seit 1964 besteht, ist vor allem auf Renovationen und Umbauten spezialisiert. Es war Beat Hutmachers Vater Peter, der sich nach dem Kauf des Hauses etwas Spezielles für die Fassade wünschte. 1991 beauftragte er den Künstler Bernd Pappe, einen «Hingucker» zu gestalten.

Der Künstler wollte etwas schaffen, das «ein Augenzwinkern enthält und die Leute heiter stimmt». So kam Bernd Pappe auf die Idee, auf der breiten, in der Mitte ziemlich leeren Hausfassade ein Trompe-l'Œil zu platzieren. Er bevölkerte das Bild mit bekannten Personen: Der Künstler selbst ist der vor dem Fenster sitzende Mann, Inhaber Beat Hutmacher steht mit dem Pinsel in der Hand da, und Charlotte, die Ehefrau des Künstlers, lehnt sich aus dem Fenster. Lustig ist, dass die beiden Herren auf diesem Trompe-l'Œil dabei sind, auch ein Trompe-l'Œil zu malen.

Adresse Malerei Hutmacher, Aarstrasse 76, 3011 Bern, www.hutmalerei.ch // **ÖV** Bus 12, Haltestelle Nydegg, von dort circa zehn bis 15 Minuten durch das Mattequartier; von der Münsterplattform mit dem Mattelift hinunter, dann circa fünf Minuten zu Fuss // ab 4 Jahre

TIPP: Neben der Malerei Hutmacher windet sich der Frickweg, von den Bernern «Schlängeler» genannt, zum Casino empor.

102_DER UNIK PLAYGROUND

Hüpfspass in der Trampolinhalle

Wow, so viele Trampoline auf einmal! Da beginnt zuerst einmal das Herz zu hüpfen. Und bald hüpft auch der Rest. Also die Schuhe abstreifen, rutschfeste Socken anziehen und rein ins Vergnügen! Diese Halle bietet für jeden etwas, vom Einsteiger bis zum Profi. Mit Kindern beginnt man am besten bei den Gartentrampolinen. Ein ganzes Feld gibt es von diesen, sodass man vom einen zum anderen hüpfen und neue Tricks ausprobieren kann.

Wer schon geübter ist, macht gleich nebenan auf dem grossen Freestyle-Trampolin richtig hohe Sprünge. In der «Dodgeball-Arena» mit schrägen Sprungtüchern an der Wand, die einen zurückfedern lassen, kann man mit Freunden Völkerball spielen. Ausserdem sind zwei Wettkampf-Trampoline mit Air-Bag-Landung, eine Miniramp für Skateboards und Scooter sowie ein Turn- und Parcoursbereich vorhanden. In Letzterem darf man nach Lust und Laune selbst einen Parcours bauen und am langen Vertikaltuch schaukeln.

Im UNIK Playground, der 2020 eröffnet wurde, geht es manchmal recht wild zu. Deshalb hat das junge, engagierte Team ein Angebot für Familien kreiert. Jeweils samstags und sonntags von 9 bis 11 ist hier «Niki-Jump» angesagt. In diesen zwei Stunden ist die Trampolinhalle ausschliesslich für Familien mit Kindern bis zu fünf Jahren reserviert. So können sich die Kleinsten gemeinsam mit ihren Eltern austoben. Wie heisst es doch so schön? Trampolinspringen setzt Glückshormone frei. Schaut man sich in dieser Halle um, weiss man, dass da etwas dran ist.

TIPP: In der Nähe befindet sich die Kleine Allmend, eine weitläufige Grünfläche, auf der es auch einen Pumptrack hat.

Adresse Zentweg 11, 3006 Bern, Tel. 031/9340179, www.unik-playground.ch // **ÖV** Bus 10, Haltestelle Waldeck, von dort circa fünf Minuten Fussweg // **Öffnungszeiten** Mi 13–19 Uhr, Do und Fr 16–19 Uhr, Sa und So 9–19 Uhr, während der Schulferien der Stadt Bern spezielle Öffnungszeiten // ab 3 Jahre

103_DER U-TIGER

Auserlesene Kindermöbel und Spielsachen

Es zieht einen förmlich in diesen hellen, freundlichen Laden. Hier findet man Möbel und Accessoires fürs Kinderzimmer, hochwertige Spielsachen für Null- bis Fünfjährige und Geschenke zur Geburt. Das Angebot ist geschmackvoll und durchdacht. Nebst Hochstühlen und Schreibtischen gibt es auch Betten für eine ganze Kindheit: modulare Systeme, die man ständig umbauen und den Bedürfnissen des jeweiligen Alters anpassen kann. Oder einen Wandelstuhl, auf dem schon die Allerkleinsten sitzen können. Wachsen sie, dreht man den Stuhl einfach um. Und kippt man ihn zur Seite, wird er zum praktischen Hocker, auf dem sogar Erwachsene Platz nehmen können.

Besucht man das Geschäft mit Kindern, werden diese vor allem im vorderen Bereich verweilen wollen. Der U-Tiger hat in seinem Sortiment unter anderem Kochherde, Puppenstuben, Holzfiguren, Dreiräder, Rolltiere, Stapelsteine, Stofftiere und Cuboro-Kugelbahnen. Die meisten Spielsachen sind aus Holz, Stoff oder Recyclingmaterial. Und sämtliche Möbel werden in europäischen Betrieben mit ebensolchen Materialien produziert.

Begonnen hat alles mit dem ehemaligen Berner Möbel- und Bettenhaus Utiger an der Junkerngasse. Mit einer kleinen Auswahl an Betten, Pulten und Stühlen rief man eine Kinderabteilung ins Leben. Diese fand bald einmal Anklang. 2004 zog sie als eigenständiges Geschäft an die Gerechtigkeitsgasse. Der Name war übrigens schnell gefunden: Aus Utiger wurde einfach U-Tiger.

TIPP: Verlässt man den U-Tiger auf der hinteren Seite, kommt man auf die Junkerngasse. Dort befindet sich in der Nummer 54 das «Gespensterhaus». Ob es in diesem unbewohnten Gebäude wohl spukt?

Adresse Gerechtigkeitsgasse 69, 3011 Bern, Tel. 031/3279091, www.u-tiger.ch // ÖV Bus 12, Haltestelle Rathaus // Öffnungszeiten Di–Fr 9.30–18.30 Uhr, Sa 9–16 Uhr // für jedes Alter

104_DIE VILLA BERNAU

Ein offenes Haus mit Spielplatz und buntem Angebot

Gleich vis-à-vis vom Coop-Zentrum in Wabern, an einer stark befahrenen Strasse, liegt hinter einer Mauer ein wahres Paradies: die Villa Bernau. Zuerst ist man vom Park bezaubert, von den Rasenflächen, den alten Bäumen und Sträuchern, den Sitzbänken und dem riesigen Kiesplatz, auf dem im Sommer die Tische, Stühle und Sonnenschirme des Bistros zum Verweilen einladen. Am Treppenaufgang des schönen alten Hauses mit den grünen Fensterläden ranken Rosen empor.

Die Villa Bernau ist ein Quartiertreff, in dem auch Auswärtige willkommen sind. Von Montag bis Donnerstag heisst es hier am Nachmittag «die offene Bernau». Man betritt das Haus, setzt sich an einen Tisch oder auf ein Sofa, plaudert mit anderen Menschen und trinkt Kaffee. Für die Kinder stehen Spielsachen bereit. Jeden Dienstagvormittag findet ein Eltern-Kind-Treffen (Kinder bis vier Jahre) statt, an dem man ohne Anmeldung teilnehmen kann. Mittags gibt es im Bistro ein Menu für Kinder, eines mit Fleisch und ein vegetarisches, am Mittwoch- und Donnerstagnachmittag Kaffee und Kuchen.

Auf der hinteren Seite der Villa liegt ein Spielplatz. Hier warten ein Sandkasten, eine Wasserpumpe, eine Kletterwand, Rutschen und eine Weltenschaukel. Das ist ein grosser Korb, in dem man gemütlich hin und her schwingen kann. Eine Spielkiste hält kleine Velos, Traktoren und alles, was man für den Sandkasten und den Pingpongtisch braucht, bereit. Die Villa Bernau organisiert immer wieder Flohmärkte, Yoga- und Tanzkurse für Kinder und ein monatliches Schlangenbrot-Bräteln.

TIPP: In 15 bis 20 Minuten kann man durchs Quartier ins Eichholz spazieren, wo es lauschige Plätze an der Aare gibt.

Adresse Seftigenstrasse 243, 3084 Wabern, Tel. 031/9616038, www.bernau.ch // ÖV Tram 9, Haltestelle Eichholz // Öffnungszeiten Villa: Mo–Do 14–18 Uhr; Bistro: Mo, Di und Fr 9–14 Uhr, Mi und Do 9–16 Uhr; Spielplatz täglich, weitere Angebote siehe Website // für jedes Alter

105_ DAS WALDBISTRO

Spielplatz-Treffpunkt beim Steinhölzliwald

Früher, als Andrea Wolfensberger mit ihren eigenen Kindern auf Spielplätzen unterwegs war, dachte sie oft: Wie schön wäre es, wenn es hier für die Eltern ein Bistro gäbe. Sie malte sich aus, wie die Erwachsenen gemütlich etwas tranken, während die Kinder spielten.

Im Jahr 2015, als der am Waldrand gelegene Spielplatz Steinhölzli umgestaltet wurde, nahm diese Idee Formen an. Aus dem Quartier kam der Wunsch nach einem Treffpunkt mit Kaffee, und die gelernte Kindergärtnerin Andrea Wolfensberger setzte ihn um. Sie erhielt die Erlaubnis, einen Wagen aufzustellen. Fortan bot sie im «Waldbistro» kalte und warme Getränke, selbst gemachte Kuchen, Pommes frites und Hotdogs an. Mittlerweile ist der Spielplatz zu einem beliebten Treffpunkt für alle Generationen geworden. Die Kinder freuen sich über das Klettergerät und den Sandkasten mit Wasser, die Erwachsenen über Kaffee, Kuchen und Apéro.

Bereits davor war Andrea Wolfensberger auf dem Spielplatz aktiv. 2002 baute sie im Steinhölzliwald eine Waldspielgruppe auf. Diese fand grossen Anklang, und bald meldeten die Eltern das Bedürfnis nach einer Ganztagesbetreuung an. Mittlerweile ist der «Chindertroum» eine Waldkita, in der sich die Kleinen bei jedem Wetter draussen aufhalten. In der «Waldwohnung» wird gekocht, gespielt und erzählt. Ist das Wetter allzu garstig, zieht die Truppe kurzfristig in die sogenannte «Loki», einen bunten alten Bauwagen, der gleich neben dem Bistro auf dem Spielplatz steht.

Adresse Schwarzenburgstrasse 59, 3008 Bern, www.waldbistro.ch // ÖV Bus 10, Haltestelle Dübystrasse // Öffnungszeiten täglich 14–18 Uhr // für jedes Alter

TIPP: Von hier aus kann man einen Spaziergang im Steinhölzliwald unternehmen.

106_DAS WASSERSPIEL

26 Fontänen vor dem Bundeshaus

Im Sommer sprudeln vor dem Bundeshaus 26 Wasserfontänen. Dann tönt es hier manchmal wie in einem Freibad. Den Kindern macht es natürlich besonders viel Spass, in diesem Wasserspiel herumzurennen, zu tanzen und zu spritzen. Die Fontänen schiessen aus den Steinplatten bis zu vier Meter in die Höhe. Sie sind einzeln steuerbar, mal spritzen sie im Takt, mal kreuz und quer. Jede halbe Stunde wiederholt sich die Choreografie, dazwischen liegt jeweils eine fünfminütige Pause.

Kaum zu glauben, dass dieser ansehnliche Platz bis ins Jahr 2003 ständig mit Autos zugeparkt war. Dann kam der radikale Umbau. Das 2.200 Quadratmeter grosse Rechteck wurde mit Natursteinplatten aus Valser Gneis belegt und bietet seither freie Sicht auf das Regierungsgebäude. Im westlichen Teil wurde das Wasserspiel installiert; seine 26 Fontänen repräsentieren die 26 Kantone der Schweiz.

Auf dem Bundesplatz finden politische Kundgebungen, Staatsempfänge, Konzerte und Sportveranstaltungen statt. Aber es ist auch ein Platz, auf dem man sich einfach treffen, picknicken, diskutieren oder eben in den Wasserfontänen herumrennen kann. Vor allem an heissen Sommertagen erfreuen sich Jung und Alt an dieser willkommenen Erfrischung. Ein besonders schönes Bild gibt das Spektakel am Abend ab. Durch die im Boden montierten Lampen wird das Wasserspiel beleuchtet.

TIPP: Wer das Bundeshaus von innen sehen möchte, kann eine Führung buchen. Es gibt auch Angebote für Kinder von sieben bis 13 Jahren (www.parlament.ch).

Adresse Bundesplatz, 3003 Bern // ÖV vom Bahnhof fünf Minuten Fussweg // Öffnungszeiten Frühlingsbeginn – Ende Okt. täglich 11 – 23 Uhr, Di und Sa (Wochenmarkt) ab 14 Uhr, bei Veranstaltungen Betrieb unterbrochen // für jedes Alter

CURIA CONFOEDERATIONIS HELVETICAE

107_DAS WEYERLI

Viel Gemütlichkeit im grössten Freibad

Das Weyermannshausbad wird von den Einheimischen liebevoll Weyerli genannt. Warum diese Verkleinerung, könnte man fragen, schliesslich ist es das Freibad mit der grössten Wasserfläche in der Schweiz. Misst man es am Wasservolumen, ist es sogar das grösste in Westeuropa. Trotzdem fühlt man sich hier nicht verloren. Zwar ist das runde Freiwasserbecken mit seinen 460 Metern Umfang wirklich riesig, doch es ist von weitflächigen, teilweise hügeligen Liegewiesen mit Bäumen umgeben, was der Anlage etwas Gemütliches verleiht.

Im 16. Jahrhundert gab es hier drei Teiche, die dem Fischfang dienten. 1620 wurden zwei davon trockengelegt. Der dritte blieb bestehen und wurde 1910 in eine natürliche Badeanstalt umgewandelt. 1958 erweiterte man das Freibad um ein Hauptgebäude samt Restaurant, 13 Jahre später kamen ein Hallenbad und eine Kunsteisbahn hinzu. 2020 bis 2022 wurde der Aussenbereich saniert und eine neue Badtechnik installiert.

Seither bietet das Weyerli vor allem für Kinder viel Neues. Für die Kleinsten gibt es in den beiden Kinderspielbecken winzige Rutschen, Pumpen, Wasserläufe zum Stauen, sprudelnde Fontänen und einen Wasserpilz. Etwas ältere Kinder zieht es auf die breite, wasserüberströmte Rutsche im grossen Becken. Und bekommt man von all diesem Spass Hunger oder Durst, wartet das Restaurant im Hauptgebäude mit einem vielfältigen Angebot.

Adresse Stöckackerstrasse 9, 3027 Bern, Tel. 031/3811506, www.sportamt-bern.ch/sportanlage/freibad-weyermannshaus // **ÖV** Bus 101, weiter mit Bus 27, Haltestelle Weyermannshaus Bad // **Öffnungszeiten** Mai–Sept. 8.30–19 Uhr, im Hochsommer bis 20 oder 21 Uhr // für jedes Alter

TIPP: Gleich neben dem Freibad ist im Winter eine Kunsteisbahn in Betrieb.

108_DAS YB-MUSEUM

Wo Fussballerherzen höherschlagen

Fussballfans aufgepasst! In diesem Museum, das im Stadion Wankdorf beheimatet ist, gibt es Spannendes zu bestaunen: originale Fussbälle, Trikots und Schuhe, Pokale, Wimpel, Vasen, Unterschriften und Bilder der bedeutendsten Spiele. In einem kleinen Kino mit gelben Sesseln kann man sich Filmausschnitte zu verschiedenen Themen ansehen.

Von der Gründung bis heute wird die Club- und Stadiongeschichte des Berner Fussballclubs BSC Young Boys aufgezeigt. Highlights sind unter anderem das mittlerweile 115 Jahre alte Spielerhemd des YB-Fussballers Hans Kämpfer und ein Ball der Fussball-WM von 1954, deren legendäres Finale in diesem Stadion ausgetragen wurde. Der BSC Young Boys ist ein Stück Berner Geschichte. Der Fussballclub, der zu den bekanntesten und traditionsreichsten der Schweiz gehört, wurde im Jahr 1898 gegründet.

Zu Beginn trainierten die Young Boys im Schwellenmätteli unter der Kirchenfeldbrücke, ab 1903 auf ihrem ersten eigenen Sportplatz im Spitalacker. Als dieser nach dem Ersten Weltkrieg zum Kartoffelacker umfunktioniert wurde, mussten die Fussballer umziehen. Im Herbst 1925 wurde das Wankdorfstadion eröffnet. 2005 entstand ein Neubau, der zuerst Stade de Suisse hiess. Auf Wunsch vieler Fussballfreunde wurde er wieder in Stadion Wankdorf umbenannt. Bisher wurden die Young Boys 15 Mal Schweizer Meister und sieben Mal Cupsieger. Es ist eine lange Geschichte, die hier erzählt wird. Wer sich für Fussball interessiert, wird dieses kleine, feine Museum mögen.

TIPP: Um die Ecke, wenn man am Stadion entlang zum Coop-Center geht, gibt es einen YB-Fanshop. Hier kann man sich mit allen möglichen Fanartikeln eindecken.

Adresse Wankdorf Center, Papiermühlestrasse 77, 3006 Bern, YB-Geschäftsstelle Tel. 031/3448888, www.bscyb.ch/museum // **ÖV** Tram 9, Haltestelle Wankdorf Center // **Öffnungszeiten** während der Fussballsaison Sa 14–16 Uhr, ausser an Heimspieltagen // ab 5 Jahre

109_DAS ZEHENDERMÄTTELI

Eine bunte Oase auf der Aare-Halbinsel

Der Weg zum Zehendermätteli führt durch einen Wald oder mit der Fähre über die Aare. Wer auf der Halbinsel ankommt, befindet sich in einer anderen Welt – in einer bunten und lebendigen Oase, wo das Miteinander gepflegt wird. Tische und Stühle unter alten Bäumen verströmen Gemütlichkeit. Ein wunderschöner Spielplatz wartet mit Sandlandschaft, Ruderboot und Traktor. Und im Beizli gibt es Köstlichkeiten aus eigenem Anbau. Es ist ein Ort, wo sich Jung und Alt rundum wohlfühlen.

Eine Schar grosser Brahma-Hühner stolziert über den weitläufigen Rasen. Laufenten sorgen dafür, dass sich die Schnecken nicht im Gemüsegarten bedienen. Die vier Hektar Land der Halbinsel sollen ein Erlebnis für die Sinne sein. So darf man durch die Gärtnerei schlendern und an den Kräutern, Wildstauden und Heilpflanzen riechen. Es entsteht nach und nach ein Waldgarten mit essbaren Pflanzen und Beeren, in welchem man nach Herzenslust naschen darf. Wildbienenhotels tragen zur Artenvielfalt bei, und auch eine Bachlandschaft ist geplant.

Im Ganzjahresbetrieb des Zehendermätteli sind unter anderem Menschen tätig, welche einen erschwerten Zugang zum Arbeitsmarkt haben: Asylsuchende, Langzeitarbeitslose und Menschen mit Beeinträchtigungen. Einmal pro Monat gibt es ein Mitmach-Event. Gross und Klein pflanzen Obstbäume, bauen Hügelbeete und Wildbienenhotels und ernten gemeinsam. Das Zehendermätteli ist ein idyllischer Ort, an dem Integration, Naturschutz und Nachhaltigkeit aktiv gelebt werden.

TIPP: Geht man bei der Gärtnerei weiter, kommt man zur Fähre, die einen über die Aare nach Bremgarten bringt. Wenn es der Wasserstand zulässt, ist sie von April bis Oktober in Betrieb.

Adresse Reichenbachstrasse 161, 3004 Bern, Tel. 079/1987342, www.zehendermaetteli-imglueck.ch // **ÖV** S9, Haltestelle Tiefenau, von dort circa 25 Minuten Fussweg; Bus 33, Haltestelle Bremgarten Friedhagweg, dann mit der Fähre über die Aare // **Anfahrt** über die Tiefenaustrasse, durchs Rossfeldquartier und weiter durch den Wald, Parkplatz oberhalb des Lokals // **Öffnungszeiten** aktuelle Informationen siehe Website // für jedes Alter

110_ DIE ZIRKUSSCHULE

Jonglieren, balancieren und Einrad fahren

Zirkus ist etwas Herrliches: Akrobaten balancieren über Seile, Clowns radeln auf Einrädern, und Jongleure lassen bunte Bälle fliegen. Meistens sitzt man im Zelt und schaut sich dieses Spektakel mit klopfendem Herzen an. In der Zirkusschule Bern wird man gleich selbst zum Artisten! Dazu braucht es zunächst einmal überhaupt keine akrobatischen Fähigkeiten. In erster Linie geht es hier um die Freude an der Bewegung und das gemeinsame Üben.

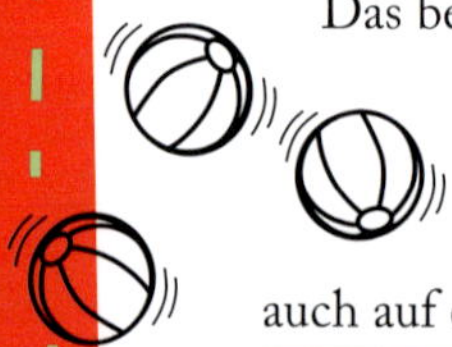

Das beginnt bereits bei den Kleinsten. Im «Floh-Zirkus» dürfen Kinder ab zwei Jahren zusammen mit Mama oder Papa auf spielerische Art ausprobieren, wie man auf Fässern läuft und über Balken balanciert. Manchmal werden sie auch auf einer Matte durch die Halle gezogen. Oder sie erklimmen die Sprossenwand und werfen Jonglierbälle. Im «Mini-Zirkus» für Vier- bis Sechsjährige üben die Kinder ohne Eltern. Weiter geht es mit dem «Zirkus-Total» für Sieben- bis Neunjährige und mit dem «Zirkus-Maximus» für Zehn- bis 15-Jährige. Die Kurse finden fortlaufend statt, man kann jederzeit schnuppern und einsteigen. Mit den grösseren Kindern wird das Erlernte immer mal wieder bei Aufführungen präsentiert.

Ein weiteres Angebot der Zirkusschule sind die Ferienwochen. Dabei können Kinder von sieben bis 16 Jahren eine Woche lang intensiv in die Zirkuswelt eintauchen. Unter professioneller Anleitung erlernen sie die Grundtechniken der Akrobatik und Luft-Akrobatik, der Balance, der Jonglage und der Clownerie.

Adresse Alte Feuerwehr Viktoria, Gotthelfstrasse 31, 3013 Bern, www.zirkusschulebern.ch // ÖV Tram 9 oder Bus 10, Haltestelle Viktoriaplatz, von dort circa fünf Minuten Fussweg // Öffnungszeiten Angebot siehe Website, alle Kurse auf Anmeldung // ab 2 Jahre

TIPP: An der Moserstrasse 24, fünf Minuten zu Fuss entfernt, befindet sich das Ciné ABC. Dort werden im Rahmen des Filmklubs «Zauberlaterne» regelmässig Filme für Sechs- bis Zwölfjährige gezeigt (www.cineabc.ch).

111_DER ZYTGLOGGE

Ein krähender Hahn und tanzende Bären

Der Zytglogge ist ein Wahrzeichen von Bern. Nicht nur für Kinder ist es lustig, sein Glockenspiel zu beobachten. Dreieinhalb Minuten vor der vollen Stunde kräht der Hahn neben dem kleineren Zifferblatt. Dann schlägt der Narr zwei Glöcklein an und wackelt mit dem Kopf und dem Bein. Gleichzeitig beginnen sich die sieben Bärenfiguren im Kreis zu drehen. Der Hahn kräht zum zweiten Mal. Nun dreht Chronos, der Herr der Zeit, der auf einem Thron in der Mitte sitzt, seine Sanduhr um und hebt sein Zepter. Das ist das Zeichen für den goldenen Ritter Hans von Thann ganz oben auf dem Turm. Er fängt an, mit dem Hammer an die grosse Glocke zu schlagen. Damit alles stimmt, zählt Chronos mit und öffnet bei jedem Schlag seinen Mund. Zum Abschluss kräht der Hahn ein drittes Mal.

Damit man das ganze Spektakel mitbekommt, ist man am besten fünf Minuten vor der vollen Stunde beim Zytglogge. Zudem sind Stunden mit höheren Zahlen besser, also zum Beispiel 10, 11 oder 12 Uhr. Je öfter die Uhr schlägt, desto mehr Zeit hat man, das Schauspiel zu bewundern.

Von 1191 bis 1346 gehörte der Zytgloggeturm zur Wehrmauer und war das westliche Eingangstor von Bern. 1405 brannte der Turm beim grossen Stadtbrand aus. Daraufhin wurde er renoviert und mit einer Glocke und einem mechanischen Uhrwerk versehen. Auf dem kleineren Zifferblatt kann man die Tierkreiszeichen, die Mondphasen, die Wochentage, das Datum, die Tageszeit und die Stunde ablesen. Das Zytglogge-Uhrwerk muss jeden Tag von Hand aufgezogen werden.

TIPP: Gleich neben dem Zytglogge, in einem frei stehenden Pavillon, gibt es einen kleinen Kiosk.

Adresse Bim Zytglogge 1, 3011 Bern // **ÖV** Trams 6, 7, 8, 9, Bussse 10, 12, 19, 30, Haltestelle Zytglogge // ab 4 Jahre

1
Schüpberg
Diemerswil
94
Münchenbuchsee
Meikirch
Wahlendorf
Aetzikofen
Oberlindach
Kirchlindach
Zollikofen
78
Säriswil
Reichenbach
Uettligen
76
109
1
Worblaufen
Herrenschwanden
Bremgarten
Wohlen
5
17
33
Hinter-
kappelen
Aare
36
A1
Frauenkappelen
32
Bethlehem
38
107
3
4
BERN
A1
14
93
82
12
Bümpliz
Liebefeld
Wabern
Niederwangen
Köniz
Spiegel
85
Blinzern
A12
Oberwangen
Schliern
Kehrsatz
21
Gasel
Thörishaus
97
Niederscherli
Wald
Zimmerwald
Mittelhäusern
Niedermettlen
Oberbalm
Niedermuhlern

81
Urtenen
A1
A6
Bäriswil
2
Moosseedorf
Krauchthal
A1
Biembach
79
8
Ittigen
Bolligen
64
11
Bigenthal
Ostermundigen
Stettlen
Rüti
Vechigen
88
Muri bei Bern
Gümligen
Rüfenacht
Worb
Biglen
Kräyigen
41
Richigen
13
Allmendingen
20
Schlosswil
A6
Aare
Trimstein
Rubigen
Belp
Vehweid
Gysenstein
25
Konolfingen
Tägertschi
Münsingen
N
Freimettigen
Belpberg
0
1 km
70
Toffen

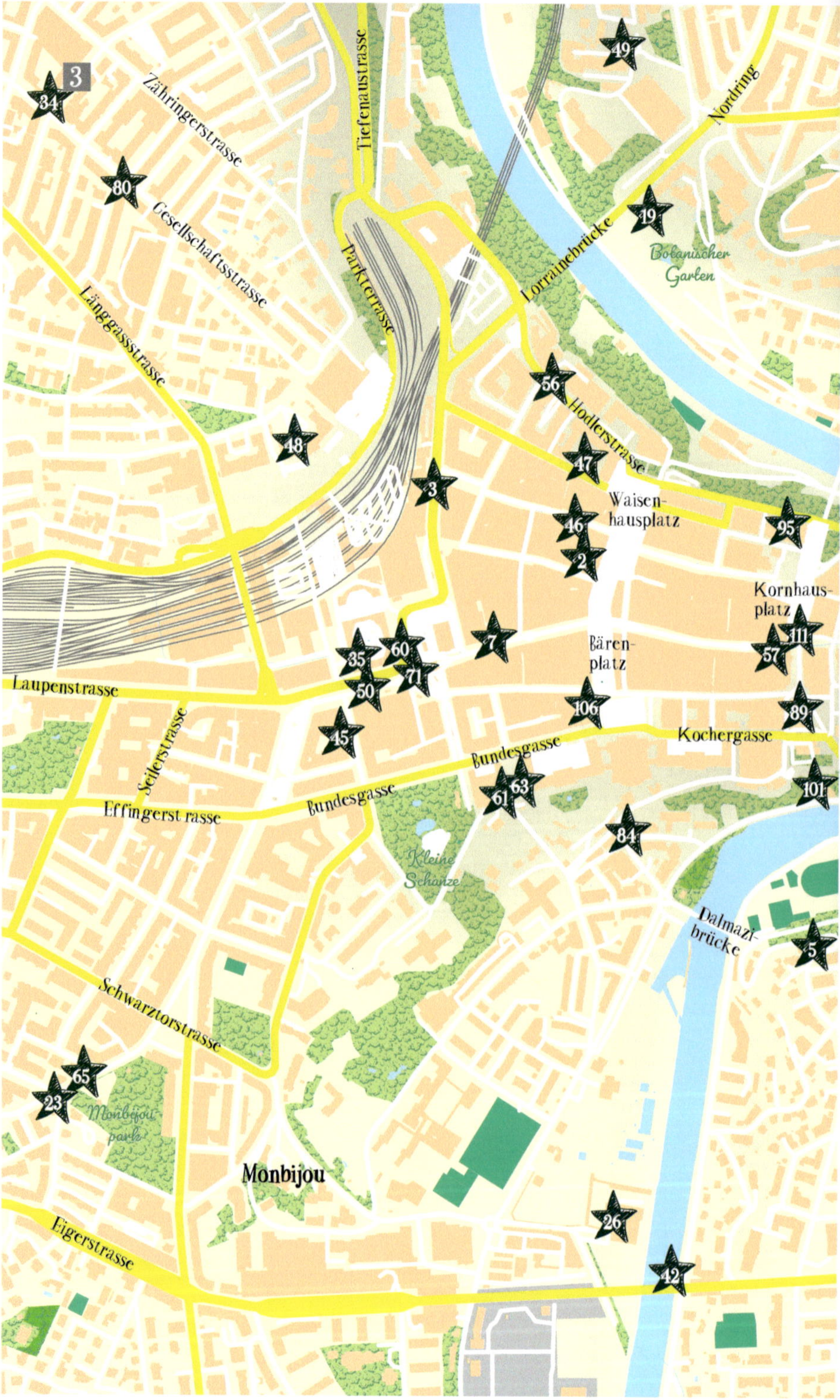
3
34
Zähringerstrasse
80
Gesellschaftsstrasse
Länggassstrasse
Tiefenaustrasse
Parkterrasse
49
Nordring
19
Lorrainebrücke
Botanischer Garten
56
Hodlerstrasse
48
47
3
Waisen-
hausplatz
46
2
95
Kornhaus-
platz
111
57
7
Bären-
platz
60
35
71
50
Laupenstrasse
106
89
45
Kochergasse
Bundesgasse
63
61
101
Seilerstrasse
Effingerstrasse
Bundesgasse
84
Kleine Schanze
Dalmazibrücke
5
Schwarztorstrasse
65
23
Monbijoupark
Monbijou
26
42
Eigerstrasse

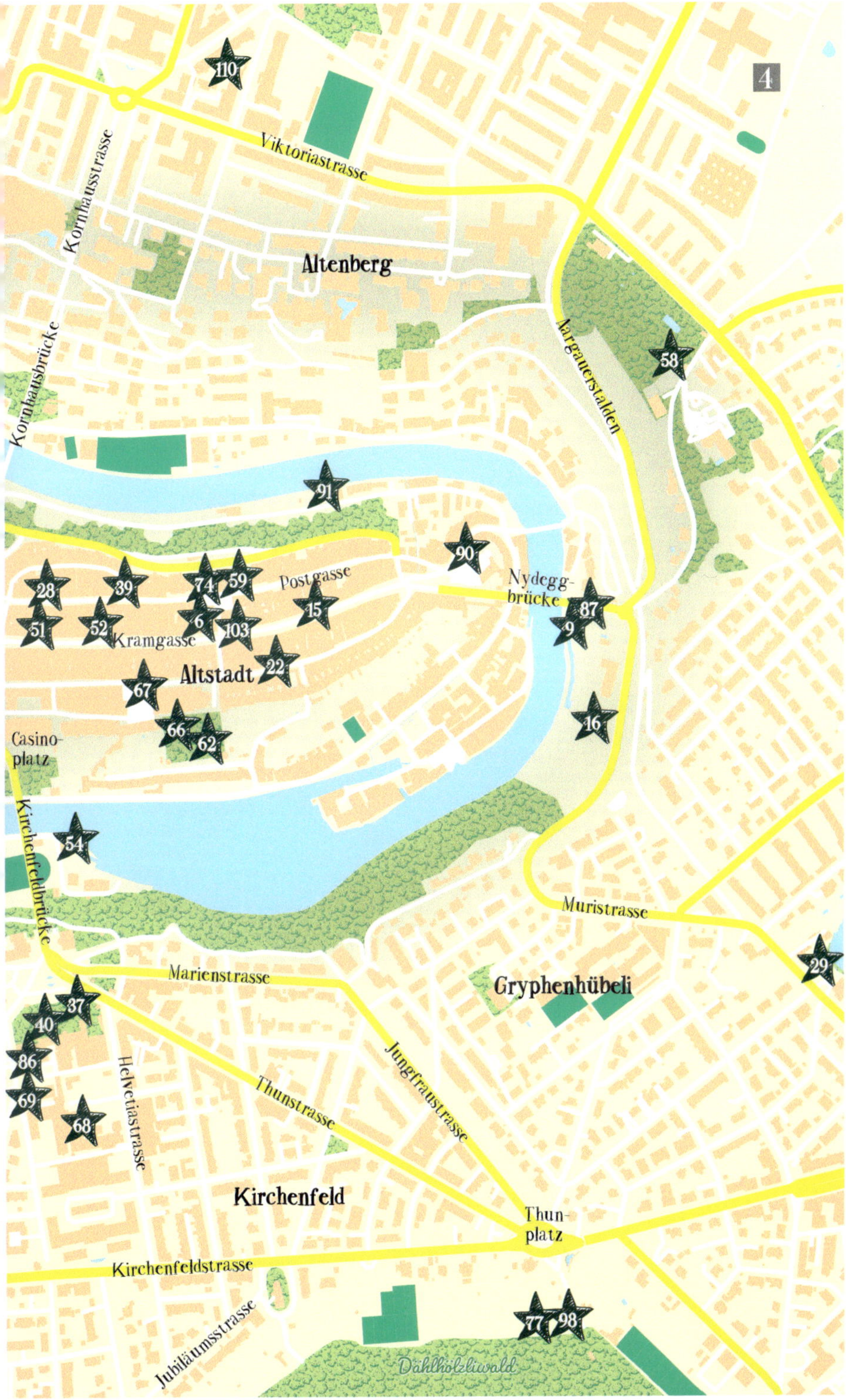

4
110
Viktoriastrasse
Kornhausstrasse
Altenberg
Aargauerstalden
58
Kornhausbrücke
91
90
Nydegg-
brücke
87
9
28
39
74
59
Postgasse
15
51
52
6
103
Kramgasse
22
Altstadt
67
16
66
62
Casino-
platz
Kirchenfeldbrücke
54
Muristrasse
29
Marienstrasse
Gryphenhübeli
37
40
86
69
68
Helvetiastrasse
Thunstrasse
Jungfraustrasse
Kirchenfeld
Thun-
platz
Kirchenfeldstrasse
Jubiläumsstrasse
77
98
Dählhölzliwald

Bremgarten bei Bern
5
A1
Aare
Breitenrain
108
75
92
18
Felsenau
Lorraine
27
53
102
3
4
Altenberg
83
24
BERN
Altstadt
A6
Gryphenhübeli
Mattenhof
Monbijou
Kirchenfeld
Dählhölzliwald
Brunnadern
105
99
44
100
Weissenstein
73
30
Liebefeld
10
104
43
Wabern bei Bern
Aare
4
Spiegel
31
72
Blinzern
55
96
N
0
300 m

Museum für
Kommunikation
•••
Museum für
Likes
Museum für Kommunikation, Helvetiastrasse 16, 3000 Bern 6
Dienstag – Sonntag, 10 – 17 Uhr, www.mfk.ch
Eine Stiftung von: DIE POST swisscom

Simone Hausladen
111 Orte für Kinder in Zürich, die man gesehen haben muss
ISBN 978-3-7408-0988-1

Bernadette Németh
111 Orte für Kinder in Wien, die man gesehen haben muss
ISBN 978-3-7408-1390-1

Anja Fischer
111 Orte für Kinder in Salzburg, die man gesehen haben muss
ISBN 978-3-7408-1080-1

Judith Mazzilli
111 Orte für Kinder in und um Linz, die man gesehen haben muss
ISBN 978-3-7408-1176-1

Florian Kinast
111 Orte für Kinder in München, die man gesehen haben muss
ISBN 978-3-7408-1737-4

Isa Grütering, Natascha Korol, Theresia Koch
111 Orte für Kinder in Berlin, die man gesehen haben muss
ISBN 978-3-7408-1546-2

Daniela Clément
111 Orte für Kinder in Hamburg, die man gesehen haben muss
ISBN 978-3-7408-1519-6

Christina Bacher, Norbert Breidenstein
111 Orte für Kinder in Köln, die man gesehen haben muss
ISBN 978-3-7408-1776-3

Priska Lachmann
111 Orte für Kinder in Leipzig, die man gesehen haben muss
ISBN 978-3-7408-1834-0

TROPENHAUS
FRUTIGEN
Mittags im Tropenhaus:
Wo man sich mit den Fischen unterhält.
Das naturbezogene Erlebnis für die ganze Familie in der Oase im Berner Oberland – Ferienfeeling inklusive!
tropenhaus-frutigen.ch

Regula Tanner, 1967 in Bern geboren und aufgewachsen, war früher als Kindergärtnerin tätig. Heute arbeitet sie als freie Journalistin und betreibt in der Nähe von Thun ein kleines Secondhand-Büchercafé (www.das-leseglueck.ch). Sie lebt mit ihrer Familie im Berner Oberland.